Helmut Schlegel

Trösten – heilen – segnen

Meditative Impulstexte
für Gemeinde, Gebet und Gottesdienst

Schwabenverlag

VERLAGSGRUPPE PATMOS

PATMOS
ESCHBACH
GRÜNEWALD
THORBECKE
SCHWABEN
VER SACRUM

Die Verlagsgruppe
mit Sinn für das Leben

MIX
Papier | Fördert gute Waldnutzung
FSC® C083411

Klimaneutral
Druckprodukt
ClimatePartner.com/14549-2003-1001

Die Verlagsgruppe Patmos ist sich ihrer Verantwortung gegenüber unserer Umwelt bewusst. Wir folgen dem Prinzip der Nachhaltigkeit und streben den Einklang von wirtschaftlicher Entwicklung, sozialer Sicherheit und Erhaltung unserer natürlichen Lebensgrundlagen an. Näheres zur Nachhaltigkeitsstrategie der Verlagsgruppe Patmos auf unserer Website www.verlagsgruppe-patmos.de/nachhaltig-gut-leben

Verlagsgruppe Patmos in der Schwabenverlag AG, Ostfildern
www.schwabenverlag-online.de

Umschlaggestaltung: Finken & Bumiller
Umschlagabbildung: aaron burden / unsplash.com
Satz: Schwabenverlag AG, Ostfildern
Druck: CPI books GmbH, Leck
Hergestellt in Deutschland
ISBN 978-3-7966-1856-7

Helmut Schlegel

Trösten – heilen – segnen

Inhalt

II Heilen und sich heilen lassen

III Segnen und sich segnen lassen

Vorwort

Trösten – heilen – segnen: Diese Trias gehört zu den stärksten Kräften und schönsten Begabungen, die Gott uns Menschen gegeben hat. Die Tränen eines Kindes trocknen, einem Menschen, der schuldig geworden ist, wieder Mut zusprechen, jemandem segnend die Hand auflegen oder eine Nacht lang am Bett eines Schwerkranken sitzen – hier geschieht etwas sehr Menschliches. Dass wir trösten, heilen und segnen können, lässt uns trotz aller Unmenschlichkeit, die wir erleben, an den Menschen glauben. Zutiefst aber verweisen uns diese Kräfte und Fähigkeiten auf Gott, der ein tröstender, heilender und segnender Gott ist.

Im seelsorglichen Tun der Kirchen haben die Sakramente einen zentralen Platz. Darüber hinaus sind alle Menschen befähigt, zu trösten, zu heilen und zu segnen. Andererseits sind wir als Menschen immer des Trostes, der Heilung und des Segens bedürftig. Wenn Jesus bei vielen Begegnungen fragt: »Was soll ich dir tun?«, dann will er mit dieser Frage einladen, dieses Bedürfnis zuzulassen und auszusprechen. So ist mit der Trias »Trösten – heilen – segnen« immer sowohl das aktive Tun als auch das passive Zulassen gemeint.

Die vorliegenden Texte, Meditationen, Rituale und Gottesdienstelemente wollen darum neben dem seelsorglichen und gottesdienstlichen Gebrauch auch Impulse und Anregungen für persönliche Erfahrungsräume sowie für Rituale in Familien und Gruppen geben. Die Gliederung des Buches in vier Teile entspricht diesem Anliegen:

I Trösten und sich trösten lassen
II Heilen und sich heilen lassen
III Segnen und sich segnen lassen
IV Rituale, Übungen, liturgische Elemente

Ein Stichwortregister am Ende des Buches hilft bei der Textauswahl.

I Trösten und sich trösten lassen

1 Mein Trostengel

Mein Trostengel
drängt mich nicht.
Engen und Ängsten
trotzen seine Lieder.
Der Himmel ist
sein Horizont.

Mein Trostengel
fängt mich nicht.
Angel und Fangnetz
sind seinen Händen fremd.
Ins Land der Weite
weisen seine Flügel.

Mein Trostengel
engt mich nicht ein.
Er gibt mir Freiraum
zum Atmen
und Spielraum
zum Glück.

Mein Trostengel
kennt meine Engpässe
und Bedrängnisse,
steigt mit mir hinab
in die Täler des Todes
und rettet mich
ins Leben.

Mein Trostengel
steht mir bei,
stärkt mir den Rücken
und trägt mich
auf weiten Flügeln
durch Dunkelheiten
und Untiefen
hin zum Licht.

2 Trösten und sich trösten lassen

Was bedeutet es, einen Menschen zu trösten? Was bedeutet es, sich trösten zu lassen? Trösten und sich trösten lassen sind Weisen der Begegnung. Einen Menschen zu trösten setzt voraus, dass ich mich auf seine Innenseite, seine Gedanken und Gefühle, ja noch tiefer, auf seine Personmitte einlasse. Wenn ich mich trösten lasse, bin ich bereit, mich berühren zu lassen – da, wo ich am meisten ich selbst und darum auch am meisten verletzbar bin. Um diese Seite der Seele zu zeigen, brauchen wir den Schutzraum eines großen Vertrauens.

Ein Leben lang trostbedürftig

Es gibt viele Gründe, warum Menschen Trost suchen. Der Junge, der ständig von seinen Kameraden gehänselt wird, weil er zu dick ist. Die Frau mit 32, die endlich schwanger geworden ist und dann eine Totgeburt hat. Das Paar, das schon so lange nach einer bezahlbaren Wohnung sucht und

↗

immer wieder abgewiesen wird. Die 82-Jährige, die fast 60 Jahre verheiratet war und ihren Partner verloren hat.

Dazu kommen die vielen kleinen täglichen Verlusterfahrungen: Ich wache am Morgen mit einem steifen Genick auf und der Schmerz nagt an meiner Laune. Ich suche meinen Lieblingsfüllfederhalter und habe den Verdacht, dass ich ihn irgendwo verloren habe. Ich erwarte einen Anruf und sitze verstimmt vor dem Telefon. Alles in allem: Ich bin trostbedürftig – und das fast immer. Kann ich meine Bedürftigkeit zulassen und mir eingestehen? Tatsächlich will ich schnell über mein kleines oder großes Leid hinwegkommen. Ich möchte den Schmerz loswerden. Vielleicht widerspricht es meinem Selbstbild, in irgendeiner Weise bedürftig zu sein. Vielleicht stelle ich auch die Erwartung an mich, mein Leben aus eigener Kraft bewältigen zu müssen.

Und doch: Ich bin trostbedürftig und ich weiß es im Grunde auch. Der Versuch, diese Bedürftigkeit zu ignorieren oder zu umgehen, wird mir nicht guttun. Um Trost annehmen zu können, muss – nein, *darf* – ich Schwäche zulassen. Meine Bedürftigkeit gehört zu meinem Menschsein. Sie begleitet mich seit dem ersten Augenblick meines Daseins. Im Leib meiner Mutter habe ich alles von ihr bekommen: Sauerstoff, Nahrung, Wärme, Geborgenheit, Zuwendung.

Die Auffassung, wir würden im Lauf eines Lebens autark, das heißt von fremder Hilfe unabhängig werden, ist ein großer Irrtum. Tatsächlich wird es keinen Tag im Leben geben, an dem wir nicht aufeinander angewiesen sind. Wir leben, solange wir auf dieser Erde sind, in einer ständigen Bewegung von Geben und Nehmen – vergleichbar mit einem Organismus, in dem kein Organ ohne die anderen sein kann. Das ist auch so, wenn wir erwachsen sind und uns selbstständig *fühlen*. Wir sind es nur bedingt. Im Grunde geschieht alles im Netz der Kommunikation: sprechen und hören, informieren und informiert werden, essen und trinken, Sauerstoff einatmen und Kohlendioxid ausatmen, Arbeit geben und Arbeit nehmen.

Nicht zuletzt muss ich damit rechnen, dass ich gegen Ende meines Lebens mehr und mehr abhängig werde. Für viele Menschen ist schon der Gedanke daran eine Horrorvorstellung. Nicht ohne Grund versuchen wir, so gut es geht, die Spuren des Alterns zu vertuschen. Selbstverständlich bringt das Altwerden erhebliche Einschränkungen mit sich; wer aber partout auf Jugendlichkeit und Vitalität setzt, muss sich fragen lassen, ob mit seiner Einstellung zum Leben etwas nicht stimmt. Wenn wir im Grunde den Zustand des Gesund- und Vitalseins als den einzig menschenwürdigen Zustand feiern, darf sich niemand wundern, dass Bedürftigkeit als menschenunwürdig bewertet wird.

Wir sind aber nicht nur körperlich bedürftig, wir sind es auch in seelischer und spiritueller Hinsicht. Darum brauchen wir Trost. Bei schlechter Laune nach kurzem Schlaf oder auf der Suche nach dem verlorenen Schlüssel genügt vielleicht ein gutes Wort oder das Angebot der Hilfe, und schon hebt sich meine Stimmung. Viel schwerer ist es, beim Verlust eines lieben Menschen oder bei schwerer Krankheit Trost zu erfahren. Wohl uns, wenn uns dann vertrauenswürdige Menschen zu Seite stehen. Wohl uns, wenn wir durch unsere Lebenseinstellung und durch unseren Glauben festen Boden unter den Füßen spüren. Wer einen Menschen trösten will, sollte diesem aber nicht die eigene Überzeugung und den eigenen Glauben aufdrängen.

↗

Trost ist wie eine Pflanze, die Zeit braucht, um zu wachsen. Trost ist Bei-Stand im Dasein und Zuhören. Vielleicht auch die Erzählung, was mir hilft und wie mir mein Glaubensweg Halt bedeutet.

Die Grenzen menschlichen Trostes

Trösten ist nicht Heilen. Das zu wissen, entbindet mich von einem Anspruch, den ich nicht erfüllen kann. Ich kann Menschen wohl helfen, Trost zu finden, aber es ist nicht meine Aufgabe, Ratschläge zu geben und Lösungen anzubieten. Die Tatsache, dass sich gerade in unserer Zeit im Bereich der Medizin, der Politik und auch der Religion so viele zu Erlöserinnen oder Erlösern aufspielen, verursacht unendlich viel Leid auf der Welt. Wie viele laufen falschen Versprechungen nach, lassen sich verführen, geben Unsummen an Geld dafür aus – und scheitern schließlich kläglich. Ich kann nur trösten, wenn ich mir meiner Grenzen bewusst bin und mich demütig zurücknehme. Ich bin kein Erlöser, kein Messias, kein Gott.

Mir hat es geholfen, im Buch Ijob zu lesen. Dort wird die Geschichte von Ijob (Hiob), einem gottgläubigen und gerechten Menschen, erzählt. Dennoch wird er von einem bösen Schicksal geschlagen: Krankheit, Verlassenheit und Armut kommen über ihn. Ijob hat Freunde, die von seinem Schicksal hören und kommen, um ihn zu trösten:

> Die drei Freunde Ijobs hörten von all dem Bösen, das über ihn gekommen war. Und sie kamen, jeder aus seiner Heimat: Elifas aus Teman, Bildad aus Schuach und Zofar aus Naama. Sie vereinbarten hinzugehen, um ihm ihre Teilnahme zu bezeigen und um ihn zu

> trösten. Als sie von fern aufblickten, erkannten sie ihn nicht; sie schrien auf und weinten. Jeder zerriss sein Gewand; sie streuten Asche über ihr Haupt gegen den Himmel. Sie saßen bei ihm auf der Erde sieben Tage und sieben Nächte und keiner sprach ein Wort zu ihm. Denn sie sahen, dass der Schmerz sehr groß war. (Ijob 2,11–13)

Offensichtlich sind die Freunde so sehr vom Leid Ijobs betroffen, dass sie unfähig sind, ihn wirklich zu trösten oder ihm gar zu helfen. Ijob weiß, dass sie das nicht vermögen, und sagt am Ende eines langen Monologs: »Hört, hört doch auf mein Wort, das wäre mir schon Trost von euch. Wie wollt ihr mich mit Nichtigem trösten? Eure Antworten bleiben Betrug« (Ijob 21,2.34). Der Trost der Freunde ist gut gemeint, aber sie vermögen sein Leid nicht zu beseitigen. Sie können ihm zuhören und – so Ijob – »das wäre mir schon Trost von euch«. Es genügt ihm, dass sie da sind und ihm zuhören. Helfen können sie nicht.

Tiefen, existenziellen Trost kann ihm nur Gott schenken. Nur Gott vermag es, das Leben Ijobs zu retten und seinem Leben Sinn zu geben. Ijob weiß: Trost bedeutet: gehalten sein, sich angenommen wissen, geborgen sein. Diese Erfahrung gibt ihm der Glaube an den Ewigen.

3 Lena

Tag für Tag war Lena morgens um sechs im Stall und molk die Kühe. Sie redete mit ihnen und mit den Kälbern, die für sie fast wie Kinder waren. Nach dem Melken eilte sie ins Haus und schnitt das Brot auf, das sie tags zuvor gebacken hatte. Die großen Scheiben bestrich sie mit Himbeermarmelade, von ihr eingekocht.

Kaum jemand sprach davon, dass Lena bereits 88 Jahre alt war. Sie selbst am wenigsten. Aber eines Morgens war sie nicht im Stall. Die Kühe schrien nach ihr, ihre Euter prall voll. Die junge Bäuerin stutzte und ging Lena suchen. »Sie hat sich nur verschlafen«, kam sie in die Küche; »wenn wir zusammen helfen, schaffen wir es, bis die Milch abgeholt wird.« Sie schafften es.

Aber Lena hatte sich nicht nur verschlafen, sie war richtig krank. Zwei Tage später ließ sie zu, dass der Arzt kam. Er konnte nichts Genaues feststellen und wies sie ins Krankenhaus ein. Nach drei Wochen kam Lena wieder zurück, aber sie war nicht mehr wie früher. An das Melken der Kühe war nicht mehr zu denken. Lena beschränkte sich darauf, ein wenig im Haushalt mitzuhelfen; ihre Kräfte waren merklich begrenzt. »Ich trete meine letzte Reise an«, sagte sie, auch wenn die Familie und die Nachbarn das nicht hören wollten.

Lena ging daran, mit derselbe Klarheit, mit der sie bisher ihr Leben geregelt hatte, auch ihr Sterben zu regeln. Sie ging zum Notar, um ihr vor Jahren verfasstes Testament zu aktualisieren. Sie regelte ihre Betreuung und ließ die Pietät rufen, um ihr Begräbnis zu organisieren. Nicht zuletzt bestellte sie den Pfarrer, um mit ihm den Gottesdienst an ihrer

Beerdigung zu besprechen: »Halten Sie bitte keine Trauerrede, ich gehe nach Hause und das ist etwas Erfreuliches.« Sie bat um – wie sie es nannte – »die Tröstungen der Kirche« und empfing in einer würdigen Feier, zu der sie auch die Familie einlud, die Sakramente.

Apropos Familie: Sie wurde stiller und trauriger, je mehr Lena ihr Sterben vorbereitete. Als Lena nicht mehr aufstehen konnte, ließ sie ihre Kinder und Enkel rufen und nahm Abschied von ihnen. »Schaut, ich habe ein gutes Leben gehabt«, sagte sie, »ich hatte es gut bei euch und ich hoffe, ihr hattet es auch gut mit mir. Nun seid nicht traurig, das würde mir meinen Weg nur schwerer machen. Ich bleibe ja bei euch, nur anders als bisher.« Sie lächelte entspannt, und so blieb es bis zum letzten Tag. Dann schlief Lena friedlich ein.

Als die Familie, die Nachbarn und die Dorfgemeinde dem schlichten Sarg auf den Friedhof folgten, hatten sie ein Vorbild verloren, aber auf ihren Gesichtern lag ein stiller Trost.

4 Kreuztanz Leben

Golgota ist kein Ballsaal.
Das Kreuz kein Parkett.
Das schrille Gejohle der Massen
stört den Rhythmus
des Friedens
und zerschlägt die Harmonie
des Trostes.

↗

Du aber hörst
am Kreuz
den Gesang des Ewigen
aus himmlischer Höhe:
Ich bin der ICH-BIN.
Ich werde sein der ICH-WERDE-SEIN.

Und du tanzt deinen Kreuztanz,
den Trosttanz
gegen das Diktat des Todes.
Du wiegst deinen Geist
in die Hände
des Ewig-Lebendigen.

Du sagst:
Wer sein Leben festhält,
verliert.
Wer sein Leben hingibt,
gewinnt.
Du lädst mich ein,
einzuschwingen
in den
Kreuztanz Leben.

5 Meine 14 Engel

Wer von uns hat nicht als Kind das Gebet von den 14 Engeln gebetet:

Abends will ich schlafen gehn,
vierzehn Engel um mich stehn:
zwei zu meinen Häupten,
zwei zu meinen Füßen,
zwei zu meiner Rechten,
zwei zu meiner Linken,
zweie, die mich decken,
zweie, die mich wecken,
zweie, die mich weisen
zu Himmels Paradeisen![1]

Meine Engel haben Namen und Aufgaben.
Nummer eins ist der Weck-Engel. Er hat immer Frühdienst. Zugegeben, er ist nicht mein Lieblingsengel, er kann manchmal sehr nervig sein. Er ist laut und holt mich unsanft in den Tag.

Nummer zwei ist der Licht-Engel. Kurz nach dem Aufstehen lockt er mich ans Fenster und sagt: Schau dir den weiten Horizont an und denk daran: Selbst die dunkelsten Wolken vermögen es nicht, den Himmel am Leuchten zu hindern.

Zusammen mit dem Licht-Engel kommt die Nummer drei. Es ist der Gute-Laune-Engel. Er pfeift ein kleines Lied

↗

1 Text: Adelheid Wette (1858–1916).

oder erzählt einen Witz oder holt Brötchen – und schon hat er es geschafft, meine Stimmung zu heben.

Nummer vier ist der Geduld-Engel. Er hat es nicht leicht mit mir und ich habe es nicht leicht mit ihm. Er kann mich schon auch mal zur Weißglut bringen. Andererseits muss ich zugeben: Er hat mich vor vielen voreiligen Schritten bewahrt.

Nummer fünf ist der Neugier-Engel. Er hat seine Augen überall und vor allem interessiert er sich für alles, was neu und ungewohnt ist. So bewahrt er mich vor der Einstellung: Alles soll bleiben, wie es ist, es war doch immer schon so.

Nummer sechs ist der Schweige-Engel. Gewöhnlich steht er ganz still vor mir und hält den Zeigefinger an die Lippen. Dann spätestens weiß ich: Jetzt gilt nur noch das Gebot »Mund halten« und jedes Wort wäre zu viel.

Zum Glück gibt es in meiner Engelschar die Nummer sieben, das ist der Humor-Engel. In seinem Gesicht sind hundert Lachfalten und selbst in der schlimmsten Situation hat er noch eine lustige Geschichte auf Lager.

Auch über Nummer acht bin ich froh. Es ist der Selbstfürsorge-Engel. Er ist es, der mir hin und wieder drei ganz wichtige Worte aus der Bibel ins Ohr flüstert: »wie dich selbst«. Er hat mir klargemacht, dass diese drei Worten nach Jesus unbedingt zum Gebot der Nächstenliebe gehören.

Kein Wunder, dass dieser Engel manchmal im Clinch liegt mit dem Kollegen Nummer neun, das ist der Empathie-Engel. Er sorgt dafür, dass mir das Mitgefühl nicht ausgeht, auch wenn er mir manchmal einredet, es sei noch immer nicht ausreichend.

Ganz wichtig ist Nummer zehn, der Respekt-Engel. Er lehrt mich, jedem Menschen mit Achtung zu begegnen.

Dieser Engel ist es, der mich zum Beispiel davor bewahrt, Leuten, die mir im Straßenverkehr die Vorfahrt nehmen, den Vogel oder gar den Stinkefinger zu zeigen.

Mein absoluter Favorit unter den Engeln ist Nummer elf, der Vergiss-mein-nicht-Engel. Es kann sein, dass er mich mitten in der Nacht daran erinnert, dass morgen Tante Annemarie Geburtstag hat oder dass ich einen Termin habe, den ich auf keinen Fall vergessen darf. Ich glaube, ich sollte ihm öfter mal eine Danke-schön-Kerze aufstellen.

Nummer zwölf ist der Weitsicht-Engel. Er bewahrt mich davor, mich auf das zu fixieren, was mich gerade jetzt so beschäftigt. Er sagt: Dein Leben ist doch viel weiter und länger, und wenn es dir nicht reicht, dann hast du ja noch die ganze Ewigkeit.

Nummer dreizehn ist mein Glücksengel. Ihr glaubt das vielleicht nicht, weil er doch ausgerechnet die Unglückszahl dreizehn hat. Aber er selbst hat sich diese Nummer ausgesucht, um gegen Aberglauben jeder Art zu protestieren. Und mich hat er auch überzeugt.

Bleibt Nummer vierzehn. Ihr werdet es erraten: Es ist mein Schutz-Engel. Es gibt Leute, die nicht an ihn glauben – ich schon. Wie oft hat der mich schon in letzter Sekunde von der Straße geholt oder vor einem Unsinn bewahrt! Dabei ist es gar nicht wichtig, ob dieser Schutzengel Flügel hat und vom Himmel kommt oder ob es ein lieber Mensch ist.

Das sind meine 14 Engel. Du hast ja auch welche. Deine heißen vermutlich anders. Vielleicht gehst du mal daran, ihre Namen und ihre Aufgaben zu entschlüsseln. Es lohnt sich.

6 Mein Glaube ist ein Ruderboot

Mein Glaube ist ein Ruderboot,
es trägt mich durch das Meer,
doch manchmal, wenn der Sturm so tobt,
dann schwankt es hin und her.
Und ganz hinten im Boot, da liegt Jesus und schläft.
Und ich fass mir ein Herz und ich rufe ihm zu:
Jesus, hilf mir, ja hilf mir zu glauben.

Mein Glaube ist ein schmaler Pfad
und führt auf einen Berg.
Der Berg ist hoch, ich komm mir vor,
als wäre ich ein Zwerg.
Und ganz oben am Berg, da steht Jesus und winkt
und er kommt mir entgegen; da ruf ich ihm zu:
Jesus, hilf mir, ja hilf mir zu glauben.

Mein Glaube will ein Feuer sein
und ist nur eine Glut.
Ein frischer Wind und Zuversicht,
das täte ihm so gut.
Da steht Jesus bei mir und ich höre sein Wort:
Du, ich sende den Geist, er entfacht deine Glut.
Komm, du Geistkraft, und hilf mir zu glauben.[2]

---

2 Text: Helmut Schlegel, Musik: Peter Reulein; aus: Wurzeln können – Liederbuch für eine lebendige Gemeinde, hg. von Patrick Dehm © Dehm Verlag, Limburg 2023.

7 Zeitreise

zu Kohelet 3

War eine Zeit, dein Herz fing an zu schlagen,
ein Wunder war's, der Himmel tat sich auf.
Kommt eine Zeit, da enden deine Tage,
du gehst von uns, wir wissen nicht wohin.

War eine Zeit, ein Kind zu sein, zu wachsen,
die Welt stand offen wie ein weites Land.
Kommt eine Zeit, die Ernte einzufahren.
Das Feld wird reif sein, Scheunen steh'n bereit.

War eine Zeit, da deine Seele weinte,
dein Schmerz war groß, im Herzen große Angst.
Kommt eine Zeit, da heilen deine Wunden,
Gott tröstet dich, wischt deine Tränen ab.

Jetzt ist die Zeit, zu pflanzen und zu gießen,
und mitzubau'n an einer guten Welt.
Jetzt ist die Zeit, zu geben und zu nehmen,
Die Liebe ist dein Glück und dein Talent.

Das Zeitenzelt
zerfällt.
Das Zeitenzelt
wird weit
und weitet sich
in Ewigkeit.

8 Durchaus möglich

Mt 5,3–12 weitergedacht

Durchaus möglich, dass auch du zu denen gehörst, die Jesus seligpreist …

… zu den Menschen, die ihre Grenzen kennen, die ihre Fehler und Schuld zugeben und die gerade deswegen barmherzig mit anderen umgehen.

… zu den Menschen, die ein besonderes Gespür dafür haben, wenn andere sie brauchen. Sie besuchen Kranke und alte Menschen, sie tun die unscheinbaren Dienste in Gemeinde und Nachbarschaft.

… zu den Menschen, die treu zu ihren Partnerinnen oder Partnern, zu ihren Familien und ihren Freundschaften stehen. Oder auch zu denen, deren Partnerschaften zerbrochen sind, die daran leiden und dennoch menschlich damit umgehen.

… zu den Menschen, die einfach dankbar sind und sich an den kleinen Dingen des Lebens freuen. Oder auch zu den Spaßmachern und Humoristen, zu den Künstlerinnen und Künstlern und zu denen, die uns die bunten Seiten der Welt zeigen.

… zu den Menschen, die ein schweres Leben haben und dennoch gütig sind; zu denen, die ihr Schicksal mit Fassung tragen können und oft eine große Menschlichkeit ausstrahlen.

… zu den Menschen, die sich solidarisch für jene einsetzen, die Unrecht und Gewalt erleiden. Zu den Freiwilligen im Dienst an den Flüchtlingen, an den Obdachlosen, an den Sterbenden und wo immer sie Not sehen und helfen.

… zu den Menschen, die Gottes gute Schöpfung in Ehrfurcht schützen und bewahren. Zu denen, die sich einsetzen für sauberes Wasser, gesunde Luft und einen nachhaltigen Umgang mit den Ressourcen der Erde.

... zu den Menschen, die Gott ernst nehmen, auch wenn sie seine Wege mit der Welt nicht verstehen. Sie wissen, Gott werden wir nie begreifen, und doch vertrauen sie auf seine Zuwendung, seine Menschenfreundlichkeit und Güte.

Er hat uns allen die Türe geöffnet: Selig, die vor Gott arm sind; ihnen gehört das Himmelreich.

9 Die Trotzdembäume

Fronzek war ein dunkler Geselle. Er liebte das Leben nicht, er liebte die Menschen nicht, am allerwenigsten liebte er sich selbst. Aber er liebte das Geld. Er kaufte sich ein Grundstück am Bach und stellte sich vor, dass er es weiterverkaufen und daraus Geld machen würde. Viel Geld. Und dann ... Ja, was dann? Er wusste es nicht.

Als er das Grundstück besah, stellte er fest, dass am Bach Weidenbäume wuchsen. »Die müssen raus«, sagte er, »ich brauche Platz, viel Platz, mehr Platz.« Und er holte die Säge und die Axt und die Baumschere und er sägte und hieb und schnitt, bis nur noch ein Haufen von Ästen und Zweigen übrig war. Unbrauchbares Zeug, das darauf wartete, verbrannt zu werden. Fronzek ließ es vorerst liegen und ging seinen Geschäften nach.

Am nächsten Tag spielten Kinder am Bach und steckten Weidenzweige in den Boden. Sie wussten nicht, was sie taten, denn die totgeglaubten Weidenzweige fassten Wurzeln und trieben schon bald kleine Knospen. Nach wenigen Wochen waren aus den Zweigen kleine Weidenbäumchen geworden. ↗

Irgendwann im Sommer kam Fronzek mit einer jungen Frau und einem jungen Mann, die das Grundstück kaufen wollten. Da sah er die kleinen Weidenbäumchen am Bach stehen und wurde rot vor Zorn. Schon morgen, sagte er, würde er das widerliche Zeug entfernen. Die junge Frau aber winkte ab und sagte: »Lassen Sie die Bäumchen stehen. Sie erinnern mich an meine Kindheit. Wir wohnten an einem Bach und hatten immer Weiden hinter unserem Haus. Als Kinder nannten wir sie ›Trotzdembäume‹, weil sie so viel Leben in sich haben, dass selbst aus einem abgeschnittenen Zweig ein neuer Baum wachsen kann.«

Das junge Paar kaufte das Grundstück. Und heute steht da ein großes Haus. Vögel und kleine Tiere finden bei den Weiden ihr Zuhause und die Kinder lieben ihre Trotzdembäume.

Gott,
manchmal fühle ich mich
wie ein abgeschnittener Weidenzweig.
Ich spüre meine Wurzeln nicht mehr,
ich meine, innerlich auszutrocknen
und befürchte, alles ist umsonst.

Gott,
lass mich wieder in Berührung kommen
mit meinem Grund.
Lass mich trinken vom lebendigen Wasser,
das mich zu neuem Leben weckt.
Sende mir die Strahlen deines Lichtes,
dass ich mich an ihnen aufrichte
und wachse und blühe.

Gott,
bewahre mir den Glauben an das Gute,
das in jedem Menschen verborgen liegt.
Lass mich Mensch werden,
dass ich mich hingebe in Liebe
und mich hineingebe in das Leben.

10 Die Kunst zu trösten

Wer tröstet, soll nicht vertrösten. Soll auch keine Vorschläge zu schnellen Lösungen machen. Diese erweisen sich oft als Trug und geben den Menschen, die Trost suchen, das Gefühl, nicht ernst genommen zu werden. Wer schnelle Lösungen weiß, suggeriert damit: Es ist ja nicht wirklich etwas Schlimmes.

Wer tröstet, soll auch nicht zu schnell sagen (verbal oder nonverbal): Ich verstehe dich ja. Das kann nicht stimmen. Jeder Schmerz ist einzigartig und speziell. Ich kann mich einem Menschen annähern, ich kann darum bitten, mich teilhaben zu lassen, aber ich darf nicht den Schmerz anderer an mich reißen. Das gebietet der Respekt.

Wichtiger als Verstehen ist Dasein. Anteilnehmendes Zuhören entlastet schon. Mein Gegenüber kann sich im Weinen, Schreien, Klagen oder Erzählen selbst klar werden, was sie / er empfindet. Sie / er kann sich dem eigenen Schmerz nähern und ihn klarer empfinden. Ich bin nicht mehr – aber auch nicht weniger – als ein großes zuhörendes Ohr.

↗

Gewiss kann auch eine WhatsApp-Nachricht oder ein Telefonat guttun; das kann aber eine leibhafte Begegnung nicht ersetzen. Wenn möglich, sollte ich bleiben, bis sich mein Gegenüber ausgeweint und ausgesprochen hat und etwas zur Ruhe kommt. Zeichen körperlicher Nähe tun gewiss gut, sollten aber nur mit ausdrücklichem Einverständnis der Person, die Trost sucht, erfolgen (etwa mit der Frage: »Tut es dir gut, wenn ich dich in den Arm nehme?«).

Trösten und Getröstetwerden brauchen Zeit. Das Ziel eines Trostgesprächs kann nicht sein, dass »alles wieder gut« wird. Bei einer schweren Krankheit oder beim Verlust eines geliebten Menschen kann nicht »alles wieder gut« werden. Die Wunde ist tief und wird selbst nach einem längeren Heilungsprozess große Narben hinterlassen. Oft fallen Menschen nach einer trostvollen Erfahrung danach wieder und immer wieder in tiefe Trostlosigkeit. Wichtig ist beim Trösten nicht der »Erfolg«, sondern menschliche Nähe und Anteilnahme.

Tröstung zulassen setzt ein hohes Maß an Vertrauen voraus. Es ist legitim und kein Zeichen von Ablehnung, wenn mein Gegenüber sagt: »Hier und heute möchte ich nicht über meinen Schmerz sprechen.« Mitunter ist eine behutsame Distanz hilfreich, um Zeit zu geben. Und nicht selten können ferner stehende Menschen aufgrund des größeren Abstands besser trösten als die Allernächsten.

Trost und Trostlosigkeit sind auch spirituelle Erfahrungen. Es geht auch um die Frage nach dem Warum und nach Gott. Trotzdem ist Vorsicht vor allzu schnellen religiösen Botschaften geboten. Sie könnten aufgesetzt oder wie Lösungsversuche empfunden werden. Vielleicht hilft die Frage: Darf ich für dich beten?

11 Das eine Talent

zu Mt 25,14–30

Ist es nicht ungerecht, dass ihm,
der nur das eine Talent bekam,
auch das noch weggenommen wird?
Er hatte Angst vor seinem Herrn,
denn er wusste, dass er streng ist.
Haben wir nicht alle Angst vor ihm?

Ja, die Angst ist der Grund,
warum ich viele meiner Talente begraben habe.
Ich verstehe ihn gut, den Diener im Evangelium, der sagt:
»Herr, ich wusste, dass du ein strenger Mensch bist;
weil ich Angst hatte, habe ich dein Geld
in der Erde versteckt« (Mt 25,24f.).

Ich kenne eine Vielzahl von Ängsten.
Sie haben mich schon als Kind überfallen:
die gefährliche Dunkelheit in der Nacht,
der Nachbarjunge, der stärker war als ich
und gnadenlos zuschlug,
der strenge Blick der Mutter,
wenn ich mit einer schmutzigen Hose nach Hause kam,
der geheimnisvolle Nikolaus mit seinem Buch,
in dem alles stand, wofür ich mich schämte.

Ist nicht auch Gott so eine Mutter mit dem strengen Blick?
So ein Nachbarjunge, der zuschlägt?
So ein Nikolaus, der das Buch aufschlägt und
für alle hörbar vorliest?

↗

Tragen nicht viele meiner Ängste
den gemeinsamen Namen: Gott?
Auch wenn es mein Verstand besser weiß:
Meine Urangst vor dem Allwissend-Allmächtigen sitzt tief.

Jesus sagt mir, dieses eine, dieses alles entscheidende Talent
haben alle bekommen, auch ich.
Und ich soll es bitte nicht vergraben.
Jesus nennt dieses Talent »Liebe«.
Die Liebe verbietet meine Ängste nicht, sie versteht sie.
Sie hilft mir, auch mit meinen Ängsten zu lieben.

Dann wird am Ende der Herr kommen und sagen:
Du warst mir ein treuer Liebhaber.
Du hast das Talent, das ich dir anvertraut habe, eingesetzt.
Du hast gelebt und geliebt.
Und dein Talent hat sich vermehrt:
dreißigfach, fünfzigfach, hundertfach.

12 Aus welcher Kraft lebte Jesus?

Die Bewegung hatte keinen Gründer.
Der, den sie bis heute als solchen verehren,
wollte nichts Neues.
Er wollte zurück zur Quelle.
Dahin, wo lebendiges Wasser fließt.
Schon als Kind hatte er gelernt,
dass viele der Reiche, die Menschen bauen,

in die Gewalt führen.
Er träumte von einem anderen Reich.
Er träumte von der Versöhnung aller Geschöpfe.
In seiner Sprache nannte er dieses Reich *Malkuth* –
Königtum des Ewigen.
Da sollte es keine Hierarchie von oben nach unten geben,
keinen Machtapparat, keine Waffen und keine Armee.

Es gibt eine andere Kraft, sagte er.
Eine Kraft, die ganz tief in uns lebt.
Es ist die Kraft von Mutter und Vater,
die Quellkraft und Wurzelkraft,
die Kraft hinter dem Horizont
der Augen und Ohren.
Er selbst lebte aus dieser Kraft.
Er nannte sie *Abba* –
Muttervater.

Zu seinen Gefolgsleuten gehörten
Kornbauern und Seeleute,
alleinstehende und verheiratete Frauen,
ja sogar Angestellte
der verhassten Besatzungsmacht.
Niemand sollte ausgeschlossen sein.
Ihnen schärfte er ein:
Ihr wisst: Die als Herrscher gelten,
unterdrücken ihre Völker.
Ihre Großen gebrauchen ihre Macht
gegen sie.
Bei euch soll es nicht so sein. ↗

Er trug keine Waffen mit sich.
Er bedrohte niemanden,
und doch hatten viele Angst vor ihm,
vor allem die Obrigkeit.
Weil er zusammenführte, statt zu trennen,
weil er heilte, statt zu verletzen,
schlug ihm der Hass entgegen.
Nach kurzer Zeit
war er gescheitert
und wurde hingerichtet.

Seine Leute
– er nannte sie Jüngerinnen und Jünger –
gingen auch nach seinem Tod
den Weg weiter,
den er gewiesen hatte.
Sie nannten sich darum
die »Bewegung des neuen Weges«
und führten fort, was er begonnen hatte.
Sie hatten erfahren, dass er lebt.
Aufgewacht aus dem Schlaf des Todes,
aufgestanden und aufgefahren –
so lebt er weiter
in ihnen,
in mir,
in dir,
in der Welt.

13 Mamas Trostpflaster

Komm, setzt dich auf das Sofa,
leg dein Bein auf den Stuhl,
lass mich deine Tränen abwischen.
Wir tun Salbe auf die Wunde,
Pflaster auf das aufgeschlagene Knie.

Ruh dich aus.
Ich habe dir Zitronenlimo gemacht.
Setze mich ein halbes Stündchen
zu dir
und erzähle dir
die Geschichte vom Rübenmonster.

Weißt du noch,
wie oft es hingefallen ist?
Und nach zwei Tagen
lief es wieder durch den Wald.

Ja sicher, in zwei Tagen
tut's gar nicht mehr weh.
Magst du noch ein wenig
von der Limonade?

14 Das alte Haus

Es ist mehr als eine Behausung, das alte Haus. Unzählige Menschen fanden über Jahrhunderte hier eine Bleibe. Sie fanden Halt, Geborgenheit, Gemeinschaft, Weisheit, Frieden. Sie fanden vor allem Trost.

Sie fanden Trost, wenn sie vom Friedhof kamen und einen lieben Menschen betrauerten. Wenn eine bedrohliche Krankheit wie ein Damoklesschwert über ihnen schwebte. Wenn es Streit und Zwietracht in ihren Häusern gab und sie Mühe hatten, wieder zusammenzufinden. Wenn ihre Männer und Söhne in einen sinnlosen Krieg ziehen mussten. Wenn Alter und Einsamkeit sie zu erdrücken drohten.

Das alte Haus hat viele Räume. Große und kleine, lichtreiche und dunkle. Es gibt Gewölbekeller und Dachwohnungen. Es gibt Hallen zum Feiern und Räume der Streitkultur. Und es gibt viele Nischen. Die Nische des Schweigens und die Nische des Suchens, die Nische des Vertrauens und die Nische des Widerstands, die Nische der Grenzgänger und Fragenden.

Aber das alte Haus wirkt immer verlassener. Die Schritte hallen in fast leeren Räumen. Und die hier gehen, sind meist vom Alter gebeugt. Schmerzlich hören sie das bunte Treiben und das fröhliche Lachen auf den Straßen und Plätzen vor dem Haus.

Warum die von draußen nicht kommen, fragen manche, die drinnen sind. Warum sie dem Haus den Rücken gekehrt haben. Wo die draußen doch auch unter dem Alleinsein leiden. Wo sie doch nach einem Zuhause suchen. Wo sie doch sehnsüchtig zum Himmel schauen. Manche drinnen sagen, die Hausverwalter sind schuld. Die Männer, die entscheiden, wer das Haus betreten darf, wer einziehen kann und wer ausziehen muss. Die Wächter, die Angst haben, dass die wertvollen Schätze gestohlen werden oder verlorengehen. Viele sagen: Die Verantwortlichen sind weit weg. Sie wohnen an abgelegenen Orten und wissen zu wenig, was die Menschen bewegt.

Im Haus stehen Räume, die schon lange niemand mehr betreten hat und die gar nicht mehr gebraucht werden. Andere Räume stehen voller alter Möbel. Wieder andere tragen geheimnisvolle Aufschriften in lateinischer Sprache. Es sind die Taburäume. Man darf nichts verändern, sie stehen unter Denkmalschutz, sagen die Wächter. Aber wer bestimmt das?

Niemand will in Wirklichkeit das alte Haus abreißen. Niemand wird infragestellen, dass da im Lauf der Jahrhunderte ein unverzichtbares Gebäude entstanden ist. Niemand zweifelt daran, dass die Welt einen solchen Ort braucht. Einen Ort, wo Menschen Trost finden.

Vielleicht wäre es ein Weg, das Haus zu entkernen. Man müsste die alten Leitungen und Rohre entfernen und die marode Infrastruktur durch eine neue ersetzen. Man müsste Türen einbauen, die leicht von innen und außen zu öffnen sind. Und neue Fenster, die den Räumen Licht und Luft geben.

Es ist zu vermuten, dass das Haus auch nach einer Sanierung nicht fertig wäre. Es wird wohl eine Baustelle bleiben, weil nie fertig sein kann, was lebendig ist. Und was könnte lebendiger sein als ein Haus des Trostes?

Wir brauchen das Haus. Die Trauernden trösten, die Müden aufrichten, die Gefangenen entfesseln – dies war die Vision dessen, der die Baupläne entworfen hat. Nach wie vor ist es sein Haus. Und auf die Frage, wer denn als Architekt für die Sanierung in Frage kommt, gibt es nur eine Antwort: Wenn nicht der Herr das Haus baut, müht sich jeder umsonst, der daran baut (nach Psalm 127,1).

15 Trost an ihrem Grab

Wenn er Trost suchte,
besuchte er sie
an ihrem stillen Grab.

Vor dem efeubewachsenen Kreuz
flüsterte er ihren Namen.

Mit geschlossenen Augen
lauschte er.
Sein Herz hörte
ihre sanfte Stimme.

Seine Wangen kannten die Schulter,
an der er sich früher ausweinen durfte
und spürten die Hand,
die seine verwundete Seele streichelte,
wenn er traurig war.

Ihr Grab war ihm
ein großes Ohr geworden.

Dort konnte er leise sprechen
von seinen Herzwunden
und vom kleinen Glück,
verborgen
in seinen Seelenfalten.

16 Und ich erzähle dir von ihm

Und ich erzähle dir von ihm, den ich gut kannte,
sein Tod erfüllt mit Trauer mich und Wut;
er war ein Mensch, den wir respektvoll weise nannten,
nun ist er tot. Ich wünsche sehr, es geht ihm gut.
Und ich weiß, ich werde noch nach Jahren
seinen Namen in Erinnerung bewahren.
Und ich erzähle dir von einer Liebe,
die das Leben überlebt.

Und ich erzähle dir von Vaters Apfelbäumen
und von den Plänen, die er gerne dort gemacht.
In ihrem Schatten konnt' er viele Stunden träumen
und dann zum Schluss, da hat er über sich gelacht.
Und ich weiß, ich werde noch nach Jahren
seinen Humor in Erinnerung bewahren.
Und ich erzähle dir von einer Liebe,
die das Leben überlebt.

Und ich erzähle dir von farbenfrohen Blüten
und von der Freundin, die die Blumen so geliebt,
von einer Liebe, die ich still im Herzen hüte,
von ihrem Trost, den sie mir auch von drüben gibt.
Und ich weiß, ich werde noch nach Jahren
ihre Blumen in Erinnerung bewahren.
Und ich erzähle dir von einer Liebe,
die das Leben überlebt.

↗

Und ich erzähle dir von meinem kleinen Glauben
und von den Zweifeln und der Sehnsucht, die ich hab.
Die Grübelei kann in der Nacht den Schlaf mir rauben.
Ich frage mich, ob noch was kommt nach Tod und Grab?
Und ich weiß, ich werde noch nach Jahren
meine Sehnsucht in Erinnerung bewahren.
Und ich erzähle dir von einer Liebe,
die das Leben überlebt.[3]

17 Gesetzt den Fall

Amos 5,23f. weitergedacht

Gesetzt den Fall, ein neuer Wind weht.
Gesetzt den Fall, die Luft wird sauber.
Gesetzt den Fall, die Flüsse faulen nicht mehr.
Gesetzt den Fall, das Ozonloch schließt sich ...

Gesetzt den Fall, wir schonen die Wälder.
Gesetzt den Fall, wir steigen um auf Züge und Busse.
Gesetzt den Fall, wir geben den Tieren Raum zum Leben.
Gesetzt den Fall, wir ernähren uns vernünftig ...

Gesetzt den Fall, die Welt besinnt sich.
Gesetzt den Fall, die Vernunft regiert.
Gesetzt den Fall, alle teilen sich die Luft und den Himmel,
das Meer und die Sonne, die Energien und die Rohstoffe.

---

3 Nach einem jüdischen Gebet von Rivka Mirjam.

Gesetzt den Fall, alle setzen sich an einen Tisch:
Männer und Frauen und Diverse,
Chinesen, Europäer, Amerikaner, Asiaten, Afrikaner,
Australier, Israelis, Araber, Inder, Pakistanis, Nordkoreaner,
Südkoreaner.

Gesetzt den Fall, die Waffen verrosten.
Gesetzt den Fall, die Angst taut ab.
Gesetzt den Fall, dasselbe Recht gilt für Arme und Reiche.
Gesetzt den Fall, ein Ruck geht durch die Welt.

Gesetzt den Fall, wir finden die Quelle.
Gesetzt den Fall, das Leben kommt in Fluss.
Gesetzt den Fall, das Recht strömt wie Wasser.
Gesetzt den Fall, die Gerechtigkeit wird zum Bach,
der nie versiegt.

Gesetzt den Fall ...
... dann hat sich das Wort Gottes erfüllt,
aufgeschrieben vor langer Zeit vom Propheten Amos:

Weg mit dem Lärm deiner Lieder.
Dein Harfenspiel will ich nicht hören,
sondern das Recht ströme wie Wasser,
die Gerechtigkeit wie ein nie versiegender Bach.
(Amos 5,23f.)

18 Doch, du kannst fliegen

Gott sagt:
Du bist geschaffen
für die Erde
und für den Himmel.
Du kannst stehen
und gehen
und fliegen.

Ich sage:
Stehen kann ich,
da habe ich Boden unter den Füßen.
Gehen kann ich,
da hilft mir der Weg.
Fliegen kann ich nicht,
ich habe keine Flügel.

Gott sagt:
Habe ich dir nicht Kraft gegeben,
den Sog nach unten zu überwinden:
Glaube, Hoffnung, Liebe?
Sind sie nicht deine Flügel,
die dich in den Himmel tragen?

Ich sage:
Die Luft ist so dünn
und die Schwerkraft
zieht mich zu Boden.
So viele sind schon abgestürzt
und deine Erde ist hart.

Gott sagt:
Sieh doch: Ich habe den Stein
vom Grab gerückt.
Ich habe ihm,
der da tot war,
Flügel gegeben.
Er ist heimgekehrt zu mir.
Und auch du wirst fliegen,
dem Himmel entgegen.

19 Wär' nur noch dieser Tag zu leben

Wär'
nur noch dieser Tag
zu leben:
Ihn zu leben,
wär' er
wert.

Einen Tag, mich sattzusehen
an den Wundern der Natur
und um dankbar zu entdecken
Gottes Wirken, Gottes Spur.

Einen Tag, mich zu versöhnen
mit mir selbst und mit der Welt
und der Liebe Raum zu geben,
Liebe über alles zählt.

↗

Einen Tag mit euch zu teilen
Trost und Trauer, Schmerz und Glück.
Was wir teilen, gibt der Himmel
hundertfach an uns zurück.

Einen Tag um durchzuatmen,
komme, was da kommen mag.
Lass mich gerne überraschen,
was Gott schickt an diesem Tag.

Wär'
nur noch dieser Tag
zu leben:
Ihn zu leben,
wär' er
wert.[4]

20 Wohin geht deine Reise?
Trosttexte zum Abschiednehmen

A
Wohin geht deine Reise?
Du hast uns nichts gesagt.
In unbekanntes Neuland
hast du dich vorgewagt.

4 Text: Helmut Schlegel, Musik: Daniel Kaufhold; aus: Wurzeln können – Liederbuch für eine lebendige Gemeinde, hg. v. Patrick Dehm © Dehm Verlag, Limburg 2023.

Und wenn wir jetzt auch trauern,
ist dies ein Zeichen nur:
Unsterblich ist die Liebe,
unsterblich deine Spur.

Du hast mit uns und vielen
die Lebenszeit geteilt,
du hast geliebt, gelitten,
verwundet und geheilt.
Und wird auch viel vergessen,
verloren geht es nicht.
Lebendig bleibt die Wärme,
lebendig dein Gesicht.

Wir werden dir bewahren
im Herzen einen Platz
und dankbar uns erinnern:
Du warst, du bist ein Schatz.
Ganz tief ist eine Ahnung:
Du bist nicht einfach fort.
Du bist, lass es uns glauben,
an einem guten Ort.

B
Ich such dich, Gott, ein Leben lang,
beiß mir die Zähne an dir aus.
Mal hoffe ich, mal ist mir bang:
Bist du mein Ziel und mein Zuhaus?
Kyrie, kyrie, kyrie eleis.

↗

Ich suche dich im Hier und Jetzt:
Wo bist du? Nirgends? Überall?
Ein Abgrund du? Ein weiches Netz?
Ich nahe dir im freien Fall.
Kyrie, kyrie, kyrie eleis.

Du heißt mich über's Wasser geh'n,
kein Schiff ist da, kein Ruderboot.
Könnt' ich nur schon das Ufer sehn!
Gott, gib mir Halt in meiner Not.
Kyrie, kyrie, kyrie eleis.

C

Wir leben auf den Abschied hin,
die Erde ist nicht unsre Bleibe.
Vergänglichkeit ist unser Schmerz.
Wirst du, Gott, unsre Tränen trocknen?

Seit jeher lebt ein Traum in uns,
der Himmel war's, der ihn gegeben.
Wir hoffen auf das neue Land.
Wirst du, Gott, diesen Traum erfüllen?

Wir glauben an ein festes Band,
die Liebe kann uns niemand nehmen,
und selbst der Abschied trennt uns nicht.
Bist du, Gott, dieses Band der Liebe?

D
Erzähl uns, Gott, wo unsre Toten leben.
Ist's wahr, dass nur der Fluss der Zeit uns trennt?
Sag: Wird's im Himmel Glück und Frieden geben?
Bist du es, der uns all mit Namen kennt?

Erzähl uns, Gott, wie wir Gewissheit finden.
Nur Mauern seh'n wir, suchen nach dem Tor.
Was tun wir nur, wenn Halt und Hoffnung schwinden?
Mit tausend Fragen stehen wir davor.

Erzähl uns, Gott, ob wir sie wiedersehen,
die mit uns lebten, die wir so geliebt.
Mit Schmerz und Trauer ließen wir sie gehen.
Sag du uns, ob's den Himmel wirklich gibt.

Erzähl uns, Gott, was hier auf unsrer Erde
dein Auftrag für uns ist in dieser Zeit.
Wie kann es geh'n, dass einmal Friede werde
und Menschen leben in Gerechtigkeit?

E
Wie Weizenkörner sterben in der Erde,
so gehst du, Gott, den Weg durch Stirb und Werde,
gehst mit uns durch die dunkle Nacht
zum Aufstand gegen Todes Macht.

Die mit Tränen säen,
werden lachen,
werden lachen bei der Ernte. ↗

Wie guter Wein, gepresst aus reifen Trauben,
gibst du dich für uns hin; wir dürfen glauben:
Viel stärker ist die Liebe als der Tod,
und sie befreit aus Angst und Not.

Die mit Tränen säen,
werden lachen,
werden lachen bei der Ernte.

Das Leben siegt, du selbst hast es geschaffen,
und deine Hand zerbricht des Todes Waffen;
du bist und bleibst der Schöpfung treu,
die Erde und der Himmel werden neu.

Die mit Tränen säen,
werden lachen
werden lachen bei der Ernte.

F
Was einem Menschen heilig war,
wird immer heilig bleiben,
bleibt kostbar, unvergänglich gar,
kein Wort kann es beschreiben.

Was je ein Mensch aus Liebe tat –
wer könnte es zerstören?
Die Liebe keimt wie eine Saat,
wird blühen und sich mehren.

Du warst und bist, wirst immer sein,
Gott, heilig wir dich nennen.
Lädst uns zu deinem Gastmahl ein,
wirst unsre Namen kennen.

Heilig, was da war und ist,
heilig alles Sein.
Zu neuem Leben wird uns Gott
berufen und befrei'n.

G
Sei Licht, das strahlt in dunkler Nacht,
erleuchte unsre Erde
und zünd ein Feuer für uns an,
dass hell das Leben werde.
Lad uns als deine Gäste ein,
Gott, teile mit uns Brot und Wein.

Sei Weg, der durch die Wüste führt,
zeig uns die Wasserstelle,
dass wir nach langen Wegen ruh'n
und trinken aus der Quelle.
Lad uns als deine Gäste ein,
Gott, teile mit uns Brot und Wein.

Sei Türe, die uns offensteht,
führ uns in deinen Garten.
Dort werden, die schon bei dir sind,
in Freude auf uns warten.
Lad uns als deine Gäste ein,
Gott, teile mit uns Brot und Wein.

↗

Sei Brücke, die uns Müde trägt,
hilf uns hinübergehen;
dort werden wir von Angesicht
zu Angesicht dich sehen.
Lad uns als deine Gäste ein,
Gott, teile mit uns Brot und Wein.

H

Wenn jemand aufsteht
gegen Grausamkeit und Lügen
und dafür einsteht,
Unrecht zu besiegen,
wenn jemand zu uns steht
in Konsequenz und Treue
das ist ein Fest –
drum wollen wir uns freuen.

Wenn jemand aufsteht,
um dem Tod zu widerstehen
und dafür einsteht,
dass wir aufrecht gehen,
wenn einer zu uns steht,
uns Schwestern nennt und Brüder,
das ist ein Fest –
wir singen frohe Lieder.

Wenn wir jetzt aufsteh'n,
der Gewalt die Stirn zu bieten,
und denen beisteh'n
die in Not gerieten,
und zueinander steh'n,

einander respektieren,
das ist ein Fest –
die ganze Welt soll's spüren.

Gott, weck uns auf
und sei uns nah.
halleluja, halleluja.

I

Du bist aus einer andren Welt gekommen,
der Himmel hat dich lächelnd uns geschickt.
Das Leben sagte ja, hieß dich willkommen,
noch ehe du das Licht der Welt erblickt.

Du hattest schöne und auch schwere Zeiten
Die Welt hat's dir nicht immer leicht gemacht.
So manchen Engpass musstest du durchschreiten,
die Hoffnung war dir Licht auch in der Nacht.

Nicht eine einz'ge Stunde war vergebens,
die du gelebt, gelitten und geliebt.
Die Liebe ist die Blüte eines Lebens,
die Liebe, die ein Mensch den andern gibt.

Wir werden trauern und du wirst uns fehlen,
der Tod ist dunkel, wir verstehn ihn nicht.
Und wenn uns auch die Abschiedsschmerzen quälen,
sind wir doch dankbar und voll Zuversicht. ↗

Du bist in eine andre Welt gegangen,
uns Irdischen ist sie noch nicht bekannt.
Dein Schöpfer hält die Hand, dich aufzufangen,
und trägt dich zärtlich in sein Friedensland.

K
Du bist die Erde, ich ein Samenkorn,
in deinem Mutterschoß bin ich geborgen.
Gestalt und Hülle gehen mir verlor'n,
doch du wirst auch im Sterben für mich sorgen.

Du bist der Ozean, ich bin der Fluss,
und meine Sehnsucht treibt mich, dich zu finden.
Den Weg durch Wüstenland ich suchen muss;
hilf mir, die Widerstände überwinden.

Du bist der Wind, der fröhlich in mir singt,
du lockst aus mir die allerschönsten Töne.
Und der Gesang, der in der Schöpfung klingt,
er wird den Himmel mit der Welt versöhnen.[5]

---

5 Nach Motiven aus der hinduistischen Atharva-Veda.

II Heilen und sich heilen lassen

21 Von Anfang an

Als ich geboren wurde,
war ich gezeichnet
von Wasser und Blut.

Als ich geboren wurde,
war ich gezeichnet
von Hoffnung und Zukunft.

Als ich geboren wurde,
war mein Gesicht
verquollen und faltig.

Als ich geboren wurde,
war mein Gesicht
ein Abbild des Ewigen.

Als ich geboren wurde,
verdunkelte sich mein Gemüt
und mich schreckte das Leben.

Als ich geboren wurde,
erhellte sich mein Herz
und ich schmeckte das Leben.

Als ich geboren wurde,
bedrängte mich der Schatten
aus Angst und Bedrohung.

Als ich geboren wurde,
sprang der Funke über
aus dem Feuer des Geistes.

Als ich geboren wurde,
waren Menschen besorgt
um meine Zukunft.

Als ich geboren wurde,
hatte der Ewige in seiner Liebe
einen Plan für mich.

Als ich geboren wurde,
konnten niemand wissen,
was aus mir werden wird.

Als ich geboren wurde,
sprach mein Schöpfer mir
seinen Segen zu.

22 Lieben und leuchten

Es war Nacht. Über der Frau, die zum Brunnen ging, um Wasser zu holen, leuchteten viele Sterne. Aber sie sah sie nicht; sie ging nach vorn gebeugt, denn ihr Herz war schwer vor Kummer. Am Brunnen angekommen. setzte sie sich eine Weile hin und atmete tief. Es war ihr, als würde ein Felsbrocken ihr Herz erdrücken. Ihre Sorgen waren so groß, dass sie nicht mehr ein noch aus wusste. ↗

Da fiel ihr Blick auf den ruhigen Wasserspiegel tief unten im Brunnen. Wie in einem Spiegel sah sie darin den Sternenhimmel. Für einen Augenblick vergaß sie ihre Sorgen. Sie schaute und schaute; und es schien, als würde ein Stern heller leuchten als alle anderen. Sie schloss die Augen und es kam ihr so vor, als würde dieser Stern größer und größer und stiege aus dem Brunnen auf, ihr entgegen. Ein warmes Licht ging von ihm aus und wärmte ihr Herz.

Da hörte die Frau in ihrem Herzen, wie der Stern zu ihr sprach: Ich bin nur ein kleiner Stern im großen Universum. Einer von Trilliarden. Wir Sterne sind da, um zu leuchten. Auch für die Erde leuchten wir. Für euch Menschen, für die Tiere, für die Pflanzen. Leben braucht Licht. Wir sind auch da, um für unseren Schöpfer zu leuchten. Unser Licht ist das schönste Lob, das wir ihm geben können. Wir kreisen im unendlichen Universum, um seine Größe zu zeigen. Wenn du ganz still bist, dann hörst du uns singen – das Lied der Gestirne. Gott ist groß, singen wir, unendlich viel größer als das Weltall. Wir sind nur Sterne. Unser Wesen ist Staub und Energie – Gestein und Gas. Aber wir tragen Licht in uns und wir leuchten.

Weiter sprach der Stern: Du bist auch ein Stern. Ein Stern aus Fleisch und Blut. Ein Stern mit Herz und Seele. Du kannst viel kräftiger leuchten als ich. Dein Lächeln gibt Menschen Trost und Geborgenheit. Deine Hände können streicheln und Gutes tun. Sie können Wasser holen, wie du es jetzt tust. Du wirst es den Menschen in deinem Haus bringen und sie können ihren Durst stillen. Wenn du deine Augen wieder öffnest und auf das Wasser im Brunnen schaust, dann siehst du nicht nur uns Sterne. Du siehst – mitten unter uns Sternen – dein eigenes Bild.

Da öffnete die Frau ihren Augen und sagte: Oh ja, ich sehe mein Gesicht. Mitten im Sternenhimmel mein Gesicht. Aber ich sehe auch mein Tränen und die vielen Sorgen. Da sagte der Stern zu ihr: Schäme dich deiner Tränen nicht. Jede deiner Tränen kann zu einem Stern werden, denn darin leuchtet dein Mitgefühl. Stehe aufrecht. Schau in den Himmel, denn auch du bist ein Kind von ihm. Blicke auf zu den Sternen. Wir sind Spiegelbilder von ihm, der uns alle geschaffen hat. Wisse, dass er auch dir die Kraft gegeben hat zu leuchten. Und die Kraft zu lieben. Ein Stern zu sein für andere.

Da stand die Frau auf und schaute hinauf zum großen weiten Himmel. Und sie hatte das Gefühl, dass ihr Stern ihr zulächelte. Dann schöpfte sie Wasser aus dem Brunnen, trug den Krug nach Hause und gab allen im Haus zu trinken. Sie lächelten dankbar und auch die Frau lächelte und wusste: Ich bin ein Stern. Ich habe die Kraft zu lieben und zu leuchten.

23 Salutogenese

Wege zum ganzheitlichen Heilsein

Ein Arzt hat mir einmal gesagt: Der Grund, warum Gesunde gesund bleiben und Patienten wieder genesen, sind weder wir Ärzte noch die Medikamente oder die Technik. Der Grund, warum Menschen gesund werden oder bleiben, ist ihr Immunsystem. Ein geniales Zusammenspiel von unterschiedlichen Abwehrzellen.

↗

Unser Immunsystem ist angeboren und es lernt ständig dazu. Es bildet im Lauf der Zeit neue Abwehrmechanismen aus, die sich auf neue Krankheitserreger einstellen.

Nicht nur unser Körper, auch der Geist verfügt über eine Art Immunsystem. Das geistige Immunsystem hat eine doppelte Funktionsweise. Verrat, Zerstörung, Gewalt, Täuschung, Betrug, Egoismus – wir spüren spontan ein Nein. Treue, Verlässlichkeit, Zärtlichkeit, Mut – wir spüren spontan ein Ja.

Die Weltgesundheitsorganisation hat 1948 den Begriff Gesundheit definiert als körperliches, geistiges und soziales Wohlbefinden. Das wird vielleicht am deutlichsten in dem lateinischen Begriff »salus«. Dieses Wort steht nicht nur für die körperliche Gesundheit, sondern auch für das psychische, geistige und soziale Heilsein. Salus bedeutet, dass ein Mensch in der realen Wirklichkeit – und dazu kann auch eine schwere Krankheit oder eine bedrohliche Situation gehören – mit sich selbst, mit seinen Mitmenschen und mit Gott in Frieden lebt. Es gehört zur Gesundheit, mit den Grenzen des Lebens und mit den täglichen Spannungen versöhnt umzugehen. Heilend in diesem Sinn ist alles, was eine integrative Kraft hat und dem Menschen ermöglicht, in einem tiefen Sinn mit sich selbst identisch zu sein. Diese ganzheitliche Sicht von Heilung geht davon aus, dass Geist und Körper nicht streng voneinander getrennt sind. Jede und jeder von uns ist ein Ganzes. Mehr noch: Der Geist des Menschen hat die Kraft, seinen Körper zum Guten oder auch zum Schlechten zu transformieren.

Temperantia – die Kunst, heilsam zu leben

Salus, also ganzheitliches Heilsein, ist kein schicksalhafter Glücksfall, sondern Ergebnis eines geistig-körperlichen Übungsweges. Dass dazu Bewegung und Sport gehört, ist hinreichend bekannt. Seltener wird von dem gesprochen, was frühere Generationen »Temperantia« nannten. Das klangvolle Wort drückt aus, dass es im Umgang mit unseren Impulsen, Emotionen und Leidenschaften um die richtige Temperatur geht. Zu große Hitze ist bekanntlich ebenso ungesund wie zu strenge Kälte. Der Umgang mit Menschen, die ihren Gefühlen freien Lauf lassen, kann ebenso schwierig sein wie mit solchen, die ständig »mit angezogener Handbremse fahren«. Wir werden weder glücklich, wenn wir unsere Impulse, Emotionen und Leidenschaften hemmungslos ausleben – vor allem nicht, wenn dies zu Lasten anderer geht –, noch wenn wir sie ängstlich im Zaum halten.

Die Temperantia beschneidet unsere Impulse, Emotionen und Leidenschaften nicht, aber sie bringt sie in ein gutes Gleichgewicht. Wenn das Wasser aus einer Quelle sprudelt und dann voller Kraft einen Berghang hinunterstürzt, dann ist das ein wichtiger Abschnitt eines Baches. Er wird im Tal sein Bett finden, welches verhindert, dass das Wasser über die Ufer tritt. Nur so kann aus dem Bach ein Fluss und aus dem Fluss ein Strom werden, der die Kraft hat, Schiffe zu tragen, und der ins Meer gelangt. So ist es auch mit unseren körperlichen und seelischen Kräften und Leidenschaften. Es gibt Phasen, da sie ungehindert ausbrechen und ihre ganze Dynamik entfalten. Aber sie können sich nicht ständig im Sturzbach ergießen, sie brauchen ihr Bachbett, das sie auffängt und mäßigt.

↗

Richtig dosiert durch die Temperantia sind sie eine Quelle der Lebensfreude und Liebe.

Metanoia – die Kunst, neu anzufangen

Gott will Leben, und Leben ist Entwicklung. Gott hat seinen Grund, warum er den Kosmos nicht fix und fertig hingestellt hat, sondern ihn sich evolutiv entwickeln lässt. Evolution ist wie eine Spirale, die sich in zwei Richtungen bewegen kann. Im Verlauf von außen nach innen symbolisiert die Spirale Regression. Dies ist die Verweigerung von Wachstum. Die Bibel bezeichnet solche Haltung als Sünde. Nach Augustinus ist Sünde weniger ein punktuelles Tun gegen ein Gesetz, sondern die Haltung des »cor in se curvatum« – zu Deutsch des »in sich verkrümmten Herzens«. Das in sich verschlossene Herz zentriert sich auf das Ego hin und verweigert sich der Öffnung und Entwicklung. Von daher verwundert es nicht, dass für Jesus Heilung immer im Zusammenhang mit Freispruch und Vergebung steht. Wenn das Herz eines Menschen von den Fesseln des In-sich-gefangen-Seins befreit wird, wenn es aufbricht und bereit ist, sich zu entwickeln, dann kann der ganze Mensch gesunden.

Die Bibel gebraucht für diesen Prozess das Wort »metanoia«. Das deutsche Wort Buße ist im Grunde zu eng. Metanoia bedeutet »neu denken«, mit einer anderen Blickrichtung sehen lernen. Den Mut aufbringen, aufzubrechen. Metanoia ist der entscheidende Schritt zur geistig-geistlichen Evolution. Für Jesus verbindet sich mit diesem Schritt die Möglichkeit, einem Menschen Heilung zuzusagen: »Steh auf und geh! Dein Glaube hat dich gerettet« (Lk 17,19).

24 Muschel vom Meeresstrand

Muschel vom Meeresstrand,
mach ein wenig dich bekannt.
Dein Geheimnis will ich spüren
und darin mich selbst berühren.
Was in mir steckt, ich weiß es kaum,
was daraus wird, ist noch ein Traum;
wer tief nach innen spürt, entdeckt
den Schatz, den seine Seele trägt.

Muschel vom Meeresstrand,
kraftvoll wölbt sich deine Wand,
stellt sich der Gefahr entgegen;
Leben schützen ist dein Segen.
Was in mir steckt, ich weiß es kaum,
was daraus wird, ist noch ein Traum;
wer sich dem Sturm aussetzt, entdeckt
den Schatz, den seine Seele trägt.

Muschel vom Meeresstrand,
legst dich sanft in meine Hand;
ruhst dich aus und lässt dich schauen.
Liebe heißt: sich anvertrauen.
Was in mir steckt, ich weiß es kaum,
was daraus wird, ist noch ein Traum;
nur wer sein Leben teilt, entdeckt
den Schatz, den seine Seele trägt.

Muschel in meiner Hand,
du erzählst vom neuen Land;

↗

Pilger sind wir auf dem Wege,
gehn dem großen Ziel entgegen.
Was in mir steckt, ich weiß es kaum,
was daraus wird, ist noch ein Traum;
wer aufzubrechen wagt, entdeckt
den Schatz, den seine Seele trägt.[6]

25 Brief an die Schwiegermutter des Simon

zu Mk 1,29–34

> Jesus ging zusammen mit Jakobus und Johannes in das Haus des Simon und Andreas. Die Schwiegermutter des Simon lag mit Fieber im Bett. Sie sprachen mit Jesus über sie, und er ging zu ihr, fasste sie an der Hand und richtete sie auf. Da wich das Fieber von ihr, und sie sorgte für sie. Am Abend, als die Sonne untergegangen war, brachte man alle Kranken und Besessenen zu Jesus. Die ganze Stadt war vor der Haustür versammelt, und er heilte viele, die an allen möglichen Krankheiten litten, und trieb viele Dämonen aus. Und er verbot den Dämonen zu reden; denn sie wussten, wer er war. (Mk 1,29–34)

Ich wüsste gern, wie du geheißen hast, und möchte dich bei deinem Namen anreden. Wie bei vielen Frauen, deren Ge-

6 Text: Helmut Schlegel, Musik: Levi Frank; aus: Wurzeln können – Liederbuch für eine lebendige Gemeinde, hg. v. Patrick Dehm © Dehm Verlag, Limburg 2023.

schichten in der Bibel erzählt werden, wird auch dein Name nicht erwähnt. Das ist schade und ärgerlich. Du bist eine Frau voller Leben, nicht nur irgendeine Schwiegermutter.

Andererseits finde ich erfreulich, dass Jesus in Kafarnaum vor allen anderen eine Frau geheilt hat. Als die Schwiegermutter seines Freundes Simon warst du dort offensichtlich recht bekannt. Wie ein Lauffeuer hat es sich herumgesprochen, was dir geschehen ist. Am Abend war die halbe Stadt vor eurer Haustür versammelt. Alle wollten geheilt werden.

Oh ja, ich wäre auch mitgekommen, schon aus Neugier. Auch ich hätte meine Krankheiten und Sorgen mitgebracht. In unserer Welt ist so vieles krank und heilungsbedürftig! Da werden Menschen an Leib und Seele verletzt, da werden Menschenrechte mit Füßen getreten. Da gehen so viele gebeugt und niedergeschlagen. Da sind chronisch Kranke und Verzweifelte. Da werden Frauen und Männer am Arbeitsplatz gemobbt, Kinder werden misshandelt und ausgebeutet, Kriege toben rund um die Welt. Und unser Umgang mit der Schöpfung schreit geradezu zum Himmel.

Ich weiß wohl, dass Jesus nicht in erster Linie kam, um Krankheiten zu heilen und Probleme zu lösen. Wenn er heilte, setzte er Zeichen für seine Botschaft: Das Reich Gottes ist angebrochen. Mitten unter euch. Mit ihm hat die neue Zeit bereits begonnen. Noch verborgen und kaum sichtbar, wie ein kleines Samenkorn, das in die Erde gelegt wird und Zeit braucht, bis es keimt. Wie so viele bin auch ich ungeduldig und möchte sehen, wie diese Samenkörner aufgehen und Frucht bringen. Wie so viele stehe auch ich vor der Haustür Gottes und warte.

↗

In deiner Geschichte heißt es, Jesus habe Dämonen ausgetrieben. Auf den ersten Blick irritiert mich das. Ich fühle mich ins Mittelalter versetzt, wo man mit dem Teufel- und Dämonenglauben Menschen in Angst versetzt hat. Ich glaube, das ist mit dem Evangelium nicht vereinbar. Andererseits kann ich es mit eigenen Augen sehen: Unsere Welt ist nicht nur »von guten Mächten wunderbar geborgen«, wie wir in unseren Kirchen gern singen. Sie ist auch von dämonischen Kräften beherrscht. Ich spüre es bei mir selbst: Tagtäglich besetzen mich negative Gedanken und Gefühle. Da sind irrationale Gefühle von Ärger, Wut und Neid, über die ich bei näherem Hinsehen beschämt und entsetzt bin. Da sind Prägungen aus meiner Kindheit, die mich blockieren. Das Schwierige ist: Vieles ist mir gar nicht bewusst.

Ich weiß auch, dass sich dämonische Kräfte in unser Kollektiv einnisten und unsere sozialen Strukturen belasten. Wir reden zurecht von toxischen Beziehungen und von systemischen Gefährdungen. Dazu zählt auch jede Form von Rassismus, religiösem Fanatismus und Fundamentalismus, politische und militärische Gewalt. Beispiele dafür gibt es leider genug. Auch heute werden ganze Gesellschaften und Völker davon bedroht und zerstört.

Jesus wusste sehr genau, dass die Krankheitsherde der Menschheit viel tiefer stecken als in unseren Organen, Muskeln und Knochen. Er wusste, dass Heilsein mehr ist, als schmerzfrei sehen, reden und gehen zu können. Darum hat er oft, bevor er heilte, die Sünden vergeben oder sogar Dämonen ausgetrieben. Ich vermute, wir machen es uns da heute zu leicht. Wir verdrängen Worte wie Sünde und Schuld allzu schnell aus unserem Wortschatz, wir suchen die Ursachen für unser Versagen in unseren Genen, in den

Strukturen unserer Gesellschaft oder bei den anderen. Warum tun wir uns so schwer, uns zu unserer Schuld zu bekennen? Unsere Bedürftigkeit nach Erlösung zuzulassen?

So gern wüsste ich, wie es dir nach der Begegnung mit Jesus ging. Welche Folgen hatte diese wundersame Heilung für dich persönlich? Ich vermute, du hast immer wieder mal deinen Schwiegersohn Simon gefragt, was der Rabbi Jesus tut. Vielleicht hast du ihn auch unterstützt. Für euch Frauen war es ja nicht so leicht wie für Männer, Jesus zu folgen. Das konnten nur einige wenige, die ein gesichertes Einkommen oder keine Familie zu versorgen hatten. Daneben gab es wohl auch die stillen Anhängerinnen Jesu. Er hat nicht von allen erwartet, dass sie ihr gewohntes Leben, ihre Beziehungen, ihren Beruf, ihre Heimat aufgeben. Ihm zu folgen ist auch möglich, wenn da äußerlich alles so bleibt: die Sorge um die Familie, das Haus, das Leben in der Stadt- oder Dorfgemeinschaft. Was sich bei Menschen, die zu Jesus gehören, wirklich verändert, geschieht innen. So war es wohl auch bei dir. Ich vermute, du konntest nach der Begegnung mit Jesus nicht mehr so leben wie vorher. Du hattest einen neuen Bezugspunkt. Du wusstest von einem inneren Ziel. Das war die wirkliche Heilung.

Wenn ich uns heute wünsche, Kummer und Krankheiten mögen uns erspart bleiben, Kriege mögen beendet, die Klimakatastrophe verhindert werden, dann ist das die Außenseite unserer Welt. Die Innenseite berührt unsere Sehnsucht nach Verwandlung. Das, was Jesus wollte, das Reich Gottes, wächst von innen nach außen. Ich verstehe es so, dass deine Heilungsgeschichte und die vielen anderen im Evangelium diese tiefe Sehnsucht in uns wecken wollen: Die Heilung der Herzen ist die Wurzel für die Heilung der Welt.

Shalom!

26 Vor deiner Haustüre, Jesus

zu Mk 1,33

Jesus,
vor deiner Haustüre zu stehen
ist kein gutes Gefühl.
Ich fühle mich draußen,
und die Türe ist zwischen uns.
Ist sie verschlossen?

Jesus,
auch ich bin bei denen,
die vor deiner Haustüre stehen.
Ich bringe vieles mit:
meine Sehnsucht,
meine Hoffnungen,
meine Zweifel,
die Löcher in meinem Glauben,
meine Selbstsucht
mitten in der Liebe.

Jesus,
ich suche nicht
den Wundertäter.
Ich suche den Freund,
der sagt:
Komm,
tritt ein,
ich habe auf dich gewartet.
Du hast bei mir Hausrecht.

Jesus,
suche ich zu Recht?
Bist du da?
Oder ist da nur Leere,
wenn die Türe aufgeht?

Hörst du das Klopfen der vielen?
Sie stehen mit mir hier und warten.
Öffne deine Türe.
Wir brauchen deine heilende Nähe.
Wir brauchen dein Licht,
dass es hell werde
um uns und in uns.

27 Meine Dämonen und ich

zu Mk 1,35–39

Ich kenne sie,
doch ich sehe sie nicht gerne.
Sie sind meist hinter mir
wie meine Schatten.
Andere können sie besser sehen.

Manche von ihnen haben
unbändige Kräfte,
säen Streit,
streuen Gift,
lügen und betrügen,
erklären den Krieg.

↗

Du, Jesus,
kennst meine Dämonen
besser als ich:
die Gier auf
das neueste Smartphon,
das größere Auto,
die Lohnerhöhung.
Haben, haben, haben.

Die Sucht nach Macht.
Raufklettern auf der Leiter,
besser sein als die anderen,
herrschen, bestimmen, kommandieren.

Geschlossene Fäuste.
Festhalten und zuschlagen.
Auf die Zähne beißen.
Ja nicht loslassen.

Du, Jesus, zeigst mir,
dass es auch anders geht:
Ganz langsam
öffnet sich die Faust,
die Starre löst sich.
Loslassen.
Ich kann meine offenen Hände
dir hinhalten, Jesus,
und bitten:
Befreie mich!

28 Mach dein Kreuz für das Leben

Mach dein Kreuz für das Leben,
mach dein Kreuz und sag ja.
Der Kirschbaum wird blühen,
die Kraniche tanzen
und Frühling wird wahr.
Mach dein Kreuz für das Leben,
mach dein Kreuz und sag ja.

Mach dein Kreuz für die Liebe,
mach dein Kreuz und sag ja.
Dein Herzschlag geht schneller,
dein Ja wird zur Brücke
und Sehnsucht wird wahr.
Mach dein Kreuz für die Liebe,
mach dein Kreuz und sag ja.

Mach dein Kreuz für den Frieden,
mach dein Kreuz und sag ja.
Die Hassworte schweigen,
wir reichen uns Hände,
Versöhnung wird wahr.
Mach dein Kreuz für den Frieden,
mach dein Kreuz und sag ja.

Macht sein Kreuz für uns alle,
macht sein Kreuz und sagt ja:
Gott trägt unsre Lasten,

↗

heilt Wunden und Ängste,
Erlösung wird wahr.
Macht sein Kreuz für uns alle,
macht sein Kreuz und sagt ja.[7]

29 Heil werden ist mehr als gesund sein

zu Lk 17,11–19

Und es geschah auf dem Weg nach Jerusalem: Jesus zog durch das Grenzgebiet von Samarien und Galiläa. Als er in ein Dorf hineingehen wollte, kamen ihm zehn Aussätzige entgegen. Sie blieben in der Ferne stehen und riefen: Jesus, Meister, hab Erbarmen mit uns! Als er sie sah, sagte er zu ihnen: Geht, zeigt euch den Priestern! Und es geschah, während sie hingingen, wurden sie rein. Einer von ihnen aber kehrte um, als er sah, dass er geheilt war; und er lobte Gott mit lauter Stimme. Er warf sich vor den Füßen Jesu auf das Angesicht und dankte ihm. Dieser Mann war ein Samariter. Da sagte Jesus: Sind nicht zehn rein geworden? Wo sind die neun? Ist denn keiner umgekehrt, um Gott zu ehren, außer diesem Fremden? Und er sagte zu ihm: Steh auf und geh! Dein Glaube hat dich gerettet. (Lk 17,11–19)

7 Text: Helmut Schlegel, Musik: Anselm Thissen; aus: Wurzeln können – Liederbuch für eine lebendige Gemeinde, hg. v. Patrick Dehm © Dehm Verlag, Limburg 2023.

Das Lukasevangelium ist im Grunde eine einzige Weggeschichte. Alles geschieht im Gehen, in Bewegung, auf der Suche nach Weg und Ziel. Wir begegnen Jesus hier bereits auf dem letzten Weg, hinauf nach Jerusalem. Dort schlagen ihm Widerstand und Hass entgegen. Der Tod wartet auf ihn. Wird der Konflikt nicht bereits hier sichtbar? Verbirgt sich in der Heilungsgeschichte eine viel tiefere, eine Glaubensgeschichte?

Der Weg führt in die »Aussätzigenbannmeile«. Das sind Höhlen oder streng abgesonderte Ortsteile, in denen die Leprosen hausen. Sie leben außerhalb ihrer gewohnten Umgebung, in harter Trennung. Von Weitem wirft man ihnen Nahrungsmittel zu. Hier aber, in der Geschichte, die Lukas erzählt, ist es anders – und bereits das ist erstaunlich: Die Aussätzigen verstecken sich nicht, sie kommen Jesus und seinem Gefolge entgegen. Sie haben ein Anliegen, sie wollen rein werden, und sie haben die Hoffnung, dass der Rabbi Jesus ihnen helfen kann.

Rein werden, ganz rein – ist das nicht Illusion? Heute jedenfalls machen wir einen regelrechten Kult um die Reinheit. Die reine Wäsche, die reine Haut, der reine Sport, der reine Wein, die reine Lehre, die reine Vernunft, die reine Wissenschaft, die reine Wahrheit, das reine Leben – gibt es das überhaupt? Vergötzen wir sie nicht, die Reinheit? Ich wasche meine Hände in Unschuld. Ich war nicht dabei. Ich hab nichts gesehen. Ich hab nichts gehört. Ich habe keine Schuld. Mein Gewissen ist rein. Ich bin ganz ok. –

↗

Geradezu ernüchternd, wohltuend ernüchternd sind Texte wie das Schuldbekenntnis von Dietrich Bonhoeffer, das dieser 1940 verfasst hat:

> Ich bin schuldig des ungeordneten Begehrens,
> ich bin schuldig des feigen Verstummens,
> wo ich hätte reden sollen,
> ich bin schuldig der Heuchelei
> und der Unwahrhaftigkeit
> angesichts der Gewalt,
> ich bin schuldig der Unbarmherzigkeit
> und der Verleugnung der Ärmsten meiner Brüder,
> ich bin schuldig der Untreue
> und des Abfalls von Christus.[8]

Mich erstaunt, dass die zehn Aussätzigen im Evangelium nicht rufen: »Mach uns rein!«, sondern: »Jesus, Meister, hab Erbarmen!« Ihr Ruf ist ein Bekenntnis: Sie glauben an ihn, den von Gott gesandten Messias, der Erlösung bringt. Erbarmen ist mehr als Reinheit. Das hebräische Wort für Erbarmen bedeutet auch »Mutterschoß«. Heilwerden im Sinn des Evangeliums ist also ein Prozess der Menschwerdung: empfangen werden und getragen sein, zur Welt kommen und ins Leben entlassen werden. Es ist ein existenzielles Heilwerden, ein Läuterungs- und Wandlungsprozess, der durch die Schicht des bloßen Reinseins zur Personmitte vordringt.

8 Zitiert nach: Ein Schuldbekenntnis der Kirche, https://geschichtswerkstatt-goettingen.de/extrablatt/bonhoe1.htm (letzter Zugriff: 27. 9. 2023).

Eine Ahnung von dieser Mitte haben wir alle. Thomas Merton sagt:

> Im innersten Kern unseres Wesens gibt es einen Punkt, klein wie ein Nichts, an den Sünde und Illusion nicht zu rühren vermögen. Es ist der Punkt der lauteren Wahrheit, ein Punkt oder Funke, der ganz Gott gehört. Nie können wir über diesen Punkt verfügen, sondern Gott fügt von diesem Punkt aus unser Leben. Er lässt sich nicht von den Fantasien unseres eigenen Geistes erreichen, er lässt sich nicht mit gewalttätigem eigenem Wollen erobern. Dieser kleine Punkt der Nichtigkeit und der absoluten Armut ist der Punkt der reinen Herrlichkeit Gottes in uns. Er ist sozusagen der Name Gottes, der in unser innerstes Wesen geschrieben ist, als unsere Armut, als unsere Bedürftigkeit, als unsere Abhängigkeit, als unsere Gottessohnschaft. Er ist wie ein reiner Diamant und funkelt vom unsichtbaren Licht des Himmels. Er steckt in jedem Menschen, und wären wir imstande, ihn zu sehen, dann würden wir sehen, dass Milliarden solcher Lichtpunkte sich zum Gesicht und zum Strahlen einer Sonne vereinigen, die alle Dunkelheit und alle Grausamkeit des Lebens restlos verscheuchen würde. Ich kenne kein Programm dafür, wie man dahin kommen kann, das zu sehen. Es kann einem nur geschenkt werden. Aber das Tor zum Himmel ist überall.[9]

---

9 Aus: Thomas Merton, Ein Tor zum Himmel ist überall. Herausgegeben von Bernardin Schellenberger, Verlag Herder, Freiburg 2008, S. 82.

30 Eins zu neun

zu Lk 17,11–19

Die Chance,
auf der richtigen Seite
zu sein,
steht eins zu neun.

Einer kommt zurück,
wirft sich auf die Erde:
Nicht nur meine Haut
hast du gerettet,
mein Aussehen,
mein Ansehen,
meine Ehre,
meinen Status.

Nein, mich
hast du gerettet,
Körper und Geist,
Leib und Leben,
Herz und Sinne.
Mich.

Frage an mich:
Bin ich bei den neun,
die ihre Haut retten wollen?
Denen es reicht, rein zu sein?
Die nochmal davongekommen sind?
Die sich davonstehlen?

Oder bin ich bei dem einen,
der dankt,
der weiß:
Es geht um mehr.
Ich bin heil geworden.
Ich bin im Reinen
mit mir und mit Gott.

Du, Jesus, sagst:
Steh auf!
Geh!
Dein Glaube
hat dich gerettet.

31 Manchmal find ich einen Lebensquell

Manchmal find ich einen Lebensquell.
Ich kann aus einem Brunnen schöpfen,
ich kann vom frischen Wasser trinken,
vom Wasser, das den Durst mir stillt.

Manchmal find ich einen Sonnenstrahl.
Ich kann trotz dunkler Wolken sehen,
ich kann ins helle Licht mich tauchen,
ins Licht, das einen Weg mir zeigt.

Manchmal find ich festen Felsengrund.
Da kann ich stehen, kann ich gehen,

↗

ich kann ein Lebenshaus mir bauen,
ein Haus, wo ich geborgen bin.

Manchmal find ich einen Herzensfreund.
Da kann ich gut sein, kann ich lieben,
da kann ich wachsen, kann ich finden,
finden zu mir, wachsen zu dir.[10]

32 Halbleer oder halbvoll?

Wie an jedem Mittwoch trafen sich Thorsten und Kai Uwe auch heute nach dem Schwimmen zum Dämmerschoppen. Es war heiß und sie bestellten beide ein großes Bier. Nach dem ersten Zug zeigte Thorsten auf sein Glas und meinte: »Schon wieder halbleer.«

»Halbleer oder halbvoll?«, meinte Kai Uwe, »das ist die berühmte Frage. Die einen sind verärgert, dass das Glas schon halbleer ist, die andern freuen sich, dass sie noch einen großen Schluck haben.« Thorsten darauf: »Halbleer oder halbvoll – das ist doch nur eine Frage der Einstellung.« »Ja und«, ereiferte sich Kai Uwe, »kann ich meine Einstellung denn verändern?« – Er holte sein Smartphone aus der Tasche und spielte auf den Tasten: »Schau hier dieses kleine Zahnrad. Da drunter steht ›Einstellungen‹. Wenn ich draufdrücke, kann ich mit ein paar Klicks alle Einstellungen verändern. Aber so einfach ist das mit meinem Gehirn eben

10 Text: Helmut Schlegel, Musik: Rudi Schäfer; aus: Wurzeln können – Liederbuch für eine lebendige Gemeinde, hg. v. Patrick Dehm © Dehm Verlag, Limburg 2023.

nicht. Da sind die Einstellungen doch für alle Zeiten programmiert. Ich beneide all die Leute, die mit Leichtigkeit durchs Leben gehen und sogar andere mitreißen. Ich kann das nicht. Meine Lebensfreude reicht gerade fürs Überleben.«

»Du hast recht«, meinte Thorsten, »mit ein paar Klicks wie beim Smartphone kannst du deine Einstellung nicht verändern. Aber es geht – anders. Letzte Woche Donnerstag zum Beispiel, wir sitzen am Frühstückstisch, mein Blick fällt auf den Kalender, und da steht groß geschrieben: ›Enkeltag‹. Oh, seufze ich, heute kommen die Plagen wieder. Meine Frau schaute mich stirnrunzelnd an: Plagen sagst du, das sind schließlich deine lieben Enkelkinder. Dann zeigte sie auf die große Fotowand, die bei uns im Wohnzimmer hängt. Da waren sie alle drei: Verena in der Badewanne, wie sie schadenfroh ihre Geschwister nassspritzt. Mario, der kleinste, der sein Marmeladebrot im ganzen Gesicht verteilt, und Mirjam mit ihren zwölf Jahren, die stolz die Goldmedaille vom Wettbewerb im Kunstturnen zeigt. – Du wirst es nicht glauben, aber auf einmal freute ich mich auf den Enkeltag.« – »Und wie machst du das, dass sich deine Einstellung ändert?«, fragte Kai Uwe. »Ich glaube, ich kann das nicht machen«, sagte Thorsten nachdenklich. »So auf Knopfdruck. Auch nicht mit dem Willen. Ich glaube, es kommt darauf an, dass ich auf etwas Lust bekomme.« Nach einer Weile meinte er: »Auch das kann ich nicht einfach machen, aber ich kann in mich hineinhören, was mich lockt. Und da gibt es meistens etwas. Ich glaube, Offenheit ist das Wichtigste – offen sein dafür, dass sich in mir vielleicht etwas bewegt und ändert.«

↗

»Ist da nicht noch etwas?«, fragte Kai Uwe. »Was meinst du?« – »Ich habe manchmal den Eindruck, die wirkliche Freude spüre ich vor allem, wenn ich still bin. Da ist eine höhere Kraft, die mich ansteckt. Es ist so ähnlich wie bei der Liebe und beim Vertrauen. Das kommt nicht nur aus mir. Ich spüre in meiner Tiefe eine Quelle, aus der ich schöpfen kann.«

33 Geist(liches) ist regenerativ

Ressourcen sind Energiequellen. Sie können materieller, finanzieller, sozialer, geistiger oder spiritueller Natur sein. Etymologisch kommt das Wort aus dem französischen »source«, auf Deutsch »Quelle«. Nicht unbedeutend scheint mir die kleine Silbe »Re« zu sein. Sie zeigt an, dass Wiederholung möglich ist. Ressourcen sind Quellen, die sich nicht erschöpfen.

Einen weiteren Hinweis gibt mir die heutige Energiewirtschaft. Hier wird unterschieden zwischen fossilen und regenerativen Energien. Fossile Energien sind biologisch entstanden, aber abgestorben und zu einer chemisch wirksamen Substanz geworden. So etwa bei Braunkohle, Steinkohle, Erdgas, Erdöl. Regenerative Energien dagegen sind lebendig und wachsen nach. Sie lassen also auf nachhaltige Vorräte hoffen und sie belasten das Ökosystem viel weniger. Nicht ohne Grund bemüht sich die Energiewirtschaft heute, fossile durch regenerative Energien zu ersetzen – wohlwissend, dass dies eine Frage des Überlebens der Menschheit ist.

Ich habe mich gefragt, ob mein spirituelles Leben mehr von fossilen oder mehr von regenerativen Energien lebt.

Fossile Energien sind abgestorbene Altbestände. »Das habe ich schon immer so gemacht«: Das bedeutet Substanzverbrauch, Aufzehrung des vorhandenen Potenzials. Und das führt bekanntermaßen zum Burnout. Auch soziale Gebilde wie Partnerschaften, Freundschaften, Ordensgemeinschaften, Kirchen, Behörden und politische Organisationen sind vom Burnout bedroht.

Auf der Suche nach dem, was mein geistliches Leben nachhaltig erhält und sich nicht erschöpft, stoße ich auf verschiedene regenerative Energien.

»Im Anfang war das Wort«, heißt es im Prolog des Johannesevangeliums. In der jüdischen Kultur ist das Wort nicht nur Kommunikationsmittel, es ist *der* Weg zu Gott. Sprache ist göttlich. Die Ressource Wort ist eine lebendige, regenerative Energiequelle. Menschen kommunizieren, sind Beziehungswesen, weil sie sich auf Gott bezogen wissen. Gott ist ein Beziehungsgott, er offenbart sich. Im Neuen Bund geht Gott so weit, dass sein Wort Mensch wird. »Und das Wort ist Fleisch geworden«. Von Gott zu sprechen, bedarf darum großer Achtsamkeit und Sorgfalt. Wir erleben täglich, selbst in der Liturgie, wie religiöse Sprache verkommen kann. Die Worte sind dann banal, kitschig, floskelhaft. Eine Konservensprache wird Gott nicht gerecht. Die regenerative Ressource Wort ist kostbar und braucht gerade darum sorgfältigen Umgang. Dazu gehört auch der Mut zum Schweigen. Schweigen ist nicht die Abwesenheit der Worte, Schweigen ist die innerste Mitte der Worte. Nur aus dem Schweigen wachsen gute, geistliche Worte. Darum ist die tägliche Meditation in der Stille für geistliche Menschen unerlässlich.

↗

Ich spüre, dass meine entscheidende spirituelle Ressource Gott selbst ist. Gott ist eine immerwährende und unerschöpfliche Quelle, Gott ist wirklich regenerativ. Sein Name ist Programm: »Ich bin der ICH-BIN«. Oder »ich bin der ICH-WERDE-SEIN«. Alfred Delp schrieb mit gefesselten Händen am 17. November 1944 aus seiner Zelle im Gefängnis in einem Kassiber:

> Das eine ist mir so klar und spürbar wie selten: Die Welt ist Gottes so voll. Aus allen Poren der Dinge quillt uns dies gleichsam entgegen. Wir aber sind oft blind. Wir bleiben in den schönen und in den bösen Stunden hängen und erleben sie nicht durch bis an den Brunnenpunkt, an dem sie aus Gott herausströmen. Das gilt für das Schöne und auch für das Elend. In allem will Gott Begegnung feiern und fragt und will die anbetende, hingebende Antwort.[11]

Die entscheidende Ressource meines Christseins ist die Ressource »Ressurexit«, zu Deutsch: Er ist auferstanden. Ostern ist mehr als ein historisches Faktum. Ostern verbraucht sich nicht. Ostern ist der Aufstand des Lebens. Auferstehung ist eine regenerative Ressource. Das bedeutet auch, dass sich Auferstehung fortsetzt. Jedes Tun im Sinn des auferstandenen Christus ist eine Neuauflage seiner Auferstehung.

---

11 Zitiert nach: https://www.viacordis.net/inspiration/2020/5/3/der-brunnenpunkt (letzter Zugriff: 27. 9. 2023).

34 Freu dich, sei voll Zuversicht
Seligpreisungen für heute

Selig bist du, wenn du dich auf die Werte deines Herzens verlässt und nicht auf das, was du besitzt oder konsumierst. – Du bist ein Kind nach Gottes Bild, deine wahre Würde ist, dass du unendlich geliebt wirst.

Selig bist du, wenn du verwundbar bist und weinen kannst. Du bist berührbar und lässt dich treffen vom Leid anderer. – Du wirst mitbauen an der neuen Welt des Mitgefühls und der Zärtlichkeit.

Selig bist du, wenn du auf deine Waffen verzichtest, auch auf die Waffen der Zunge und des Geistes. – Du hast es nicht nötig, Überlegenheit zu demonstrieren. In deiner Arglosigkeit liegt deine Kraft, du verstehst die Sprache des Herzens.

Selig bist du, wenn du den Schatz des Teilens für dich entdeckst. Du hast keine Freude daran, möglichst viel für dich zu besitzen. – Deine Großzügigkeit wird dich selbst beschenken, und was du gibst, wirst du hundertfach zurückerhalten.

Selig bist du, wenn du fragst, was der Wille Gottes für dein Leben ist. Du wirst dich nicht vereinnahmen lassen von den Parolen der Schwätzer und Gewaltbereiten. – Du ahnst etwas von der Wahrheit des Reiches Gottes.

Selig bist du, wenn dein Denken und Reden klar und eindeutig ist. Dein lauteres Herz meidet die Winkelzüge kühler Berechnung. – Stattdessen schafft dein Wesen Vertrauen und Nähe.

↗

Freue dich und sei voll Zuversicht! Dein Leben wird von Leiden nicht verschont bleiben und du darfst auch nicht mit schnellen Lösungen rechnen. – Aber du trägst in dir den Keim des Reiches Gottes.

35 Gottes Wunden

zu Röm 8,18–22 und Joh 20,24–28

Die kleinen Wunden – ein Schnitt in den Finger, eine Beule am Kopf oder auch ein verkehrtes Wort, das mich verletzt hat, sie heilen in der Regel schnell wieder. Mein Körper und meine Seele verfügen über ein Immunsystem und die Geduld, dass die Zeit Wunden heilt.

Was aber ist mit den großen Wunden? Mit einer lebenslangen Behinderung? Mit Trennung und Tod? Mit dem Verlust des Glaubens, mit Lebensbrüchen durch Gewalt und Krieg? Mit dem Schlag, den wir der Erde durch schamlose Gier versetzen?

Ich lese im Römerbrief des Apostels Paulus:

> Ich bin nämlich überzeugt, dass die Leiden der gegenwärtigen Zeit nichts bedeuten im Vergleich zu der Herrlichkeit, die an uns offenbar werden soll. Denn die Schöpfung wartet sehnsüchtig auf das Offenbarwerden der Söhne Gottes. Gewiss, die Schöpfung ist der Nichtigkeit unterworfen, nicht aus eigenem Willen, sondern durch den, der sie unterworfen hat, auf Hoffnung hin: Denn auch sie, die Schöpfung, soll von

der Knechtschaft der Vergänglichkeit befreit werden zur Freiheit und Herrlichkeit der Kinder Gottes. Denn wir wissen, dass die gesamte Schöpfung bis zum heutigen Tag seufzt und in Geburtswehen liegt. (Röm 8,18–22)

»Die Schöpfung wartet sehnsüchtig«, sagt Paulus. Sehnsucht ist ungestillter Durst, aber auch die Erfahrung von starkem Leben. Wer im beginnenden Frühling durch die Natur geht, spürt beides: Noch sind die Spuren eines grauen Winters sichtbar. Noch ist die Natur karg und arm. Bei genauem Hinsehen entdecke ich auf jedem Quadratmeter Erde unzählige Zeichen der Vergänglichkeit: dürres Holz, verwelkte Blätter, abgestorbenes Gras. Und doch drängt sich das Leben durch alle Ritzen. Mutig und lebenslustig zeigen die Schneeglöckchen, die Krokusblüten, die Primeln – und wie sie alle heißen –, ihre bunten Farben. Die Schöpfung lässt sich ihre Hoffnung nicht verbieten. Sie glaubt daran, befreit zu werden zur Freiheit der Kinder Gottes. Ja, auch die Gräser und Bäume, die Insekten und Fische sind Kinder Gottes. Und sie verdienen, als solche gewürdigt und behandelt zu werden.

Es ist nicht zufällig, dass uns dies in der Osterzeit besonders bewusst wird. Tatsächlich geht Ostern aber noch einen Schritt weiter. Nicht nur die Schöpfung, auch Gott ist verletzt. Ostern erzählt uns die Geschichte des verwundeten Gottes. Warum nur zeigt sich der auferstandene Jesus seinen Jüngerinnen und Jüngern als der Verwundete? Warum die Löcher an seinen Händen und Füßen? Warum die große klaffende Wunde an seiner Herzseite?

↗

Der Evangelist Johannes erzählt:

> Thomas, genannt Didymus – Zwilling –, einer der Zwölf, war nicht bei ihnen, als Jesus kam. Die anderen Jünger sagten zu ihm: Wir haben den Herrn gesehen. Er entgegnete ihnen: Wenn ich nicht die Male der Nägel an seinen Händen sehe und wenn ich meinen Finger nicht in die Male der Nägel und meine Hand nicht in seine Seite lege, glaube ich nicht. Acht Tage darauf waren seine Jünger wieder versammelt, und Thomas war dabei. Die Türen waren verschlossen. Da kam Jesus, trat in ihre Mitte und sagte: Friede sei mit euch! Dann sagte er zu Thomas: Streck deinen Finger aus – hier sind meine Hände! Streck deine Hand aus und leg sie in meine Seite, und sei nicht ungläubig, sondern gläubig! Thomas antwortete ihm: Mein Herr und mein Gott! (Joh 20,24–28)

Jesus zeigt seinen Freunden seinen verwundeten Leib und sein verwundetes Herz. Es sind die Wunden des gekreuzigten Gottes und der gekreuzigten Schöpfung. Gott macht die Wunden der Welt zu seinen Wunden: die Tränen, die ein Kind in seiner Angst weint, der Abschiedsschmerz beim Verlust eines lieben Menschen, die Ohnmacht eines gemobbten Kollegen, die Einsamkeit einer Witwe am Grab ihres Partners, die Sinnlosigkeit der Kriege. Christus leidet mit an den Wunden, die wir einander und der Schöpfung zufügen: Er trägt am Kreuz die unkontrollierte Gier nach Genuss und Geld, die Feindschaft zwischen Kulturen, Nationen und Religionen, den zerstörerischen Verbrauch von

Energie und die Gleichgültigkeit angesichts der kleinen und großen Ungerechtigkeiten.

Ostern ist nicht nur Dank und Lob, Freude und Jubel, Auferstehung und neues Leben. Ostern ist auch die Klage über die Verwundung der Schöpfung. Es ist die Klage über unser Kranksein und Sterbenmüssen. Es ist der Zweifel und die dunkle Nacht der Seele. Ostern, das sind auch meine Wunden, unser aller Wunden. Ostern ist ohne Karfreitag und die Grabesstille nicht denkbar.

Welch ein Trost: Wenn der große Gott mitträgt an diesen unseren Wunden, an den Wunden der ganzen Welt, dann sind wir nicht verloren. Dann ist nicht Schluss an einem offenen Grab. Dann ist keine Träne umsonst geweint. Dann haben die Gewalttäter und Drahtzieher der Unmenschlichkeit nicht das letzte Wort. Wenn sich der verwundete Gott als der Auferstandene zeigt, dann gibt er uns die Macht und den Auftrag, alles Menschenmögliche zu tun, die verletzte Schöpfung heil werden zu lassen.

36 Die Auferstehung der Maria von Magdala

zu Joh 20,11–19

> Maria aber stand draußen vor dem Grab und weinte. Während sie weinte, beugte sie sich in die Grabkammer hinein. (Joh 20,11)

Sage mir, Maria: Wo ist draußen?
Bist du dann draußen, wenn andere bestimmen,
was drinnen und was draußen ist? ↗

Bist du draußen, wenn man dir sagt,
dass du nicht dazugehörst?

Heute sollst du wissen:
Niemals mehr soll ein Mensch draußen sein.
Du sollst wissen:
Da stehen Engel neben dir und zu dir,
Botinnen und Boten von Gott.

Siehst du sie?
Die meisten von ihnen tragen keine weißen Gewänder.
Sie sind gekleidet wie wir.
In Jeans, Pullover, Mantel.
Sie stehen neben dir im Bus.
Sie halten dir die Türe auf, wenn du keine Hand frei hast.
Sie sind einfach da.

> Da sah sie zwei Engel in weißen Gewändern sitzen, den einen dort, wo der Kopf, den anderen dort, wo die Füße des Leichnams Jesu gelegen hatten. Diese sagten zu ihr: Frau, warum weinst du? (Joh 20,12)

Warum weinst du?
So fragt dich nicht alle Tage jemand.
Soll doch niemand sehen, dass du nicht mehr kannst.
Mitleid willst du ja nicht.
Aber wenn es ehrlich gemeint ist,
dieses »Warum weinst du?«,
dann kannst du dein Herz auftun.
Dann kannst du deine Tränen fließen lassen.
Dann kannst du deinen Schmerz zeigen.

> Jesus sagte zu ihr: Frau, warum weinst du? Wen suchst du? (Joh 20,15a)

Hörst du, was die Stimme auch noch fragt:
»Wen suchst du?«
Weißt du, dass alle deine Tränen ein Suchen sind?
Ahnst du, dass du nach ihm suchst, den deine Seele liebt?
Weißt du, dass er dich schon längst gefunden hat?
Er wusste und weiß um dich.
Er fragt nach dir:
Warum weinst du? Wen suchst du?

> Sie meinte, es sei der Gärtner, und sagte zu ihm: Herr, wenn du ihn weggebracht hast, sag mir, wohin du ihn gelegt hast! Dann will ich ihn holen. Jesus sagte zu ihr: Maria! Da wandte sie sich um und sagte auf Hebräisch zu ihm: Rabbuni! das heißt: Meister. (Joh 20,15b.16)

Nein, holen kannst du ihn nicht.
Er ist nicht da, wo du denkst.
Den du suchst, er ist nicht tot.
Den du suchst, er ist lebendig.
Er selbst ist das Leben.

Hörst du deinen Namen in seinem Mund?
Spürst du die Wärme seiner Worte?
Vielleicht bleibt dein Mund noch stumm.
Aber dein Herz weiß die Antwort:
Rabbuni. Mein Lehrer. Mein Vertrauter.
Mein Freund, der meine Seele kennt. ↗

Und doch sagt er klar:
Halte mich nicht fest.
Niemand kann ihn festhalten
in Bildern und Gewohnheiten.
Niemand kann ihn in Rituale zwängen.
Er ist auferstanden.
Er ist anders als gestern.
Er ist jeden Tag neu.

> Jesus sagte zu ihr: Halte mich nicht fest; denn ich bin noch nicht zum Vater hinaufgegangen. Geh aber zu meinen Brüdern und sag ihnen: Ich gehe hinauf zu meinem Vater und eurem Vater, zu meinem Gott und eurem Gott. Maria von Magdala kam zu den Jüngern und verkündete ihnen: Ich habe den Herrn gesehen. Und sie berichtete, was er ihr gesagt hatte. (Joh 20,17f.)

Wir leben auf dieser Erde.
Mit Menschen, mit Geschöpfen.
Wir sind noch nicht am Ende der Reise.
Wir haben noch einen weiten Weg vor uns.
Doch jetzt schon sind wir mit ihm und in ihm.
Jetzt schon sind wir Zeuginnen und Zeugen.
Er ist auferstanden und lebt.

37 Heilende Berührung

zu Mk 7,31–37

> Jesus verließ das Gebiet von Tyrus wieder und kam über Sidon an den See von Galiläa, mitten in das Gebiet der Dekapolis. Da brachten sie zu ihm einen, der taub war und stammelte, und baten ihn, er möge ihm die Hand auflegen. Er nahm ihn beiseite, von der Menge weg, legte ihm die Finger in die Ohren und berührte dann die Zunge des Mannes mit Speichel; danach blickte er zum Himmel auf, seufzte und sagte zu ihm: Effata!, das heißt: Öffne dich! Sogleich öffneten sich seine Ohren, seine Zunge wurde von ihrer Fessel befreit und er konnte richtig reden. Jesus verbot ihnen, jemandem davon zu erzählen. Doch je mehr er es ihnen verbot, desto mehr verkündeten sie es. Sie staunten *über alle Maßen* und sagten: Er hat alles gut gemacht; er macht, dass die Tauben hören und die Stummen sprechen. (Mk 7,31–37)

In der Einheitsübersetzung steht als Überschrift dieser Perikope »Die Heilung eines Taubstummen«. Aber geht es nicht um weit mehr? Nicht hören und nicht sprechen können – das widerfährt auch Menschen, die gute Ohren und ein flottes Mundwerk haben.

Nicht unwichtig scheint die Frage, warum Markus die geografischen Angaben so heraushebt: Tyrus, Sidon, der See von Galiläa, die Dekapolis. Was ist daran bedeutsam? Begonnen hatte Jesus am See Gennesaret.

Aus Betsaida kamen die ersten seiner Gefolgsleute: Simon, Andreas und Philippus. ↗

Aber ausgerechnet hier stieß die Botschaft vom Reich Gottes auf Ablehnung. Ebenso wie in der Nachbarstadt Chorazin. Später wird Jesus einmal sagen: »Weh dir, Chorazin! Weh dir, Betsaida! Denn wenn in Tyrus und Sidon die Machttaten geschehen wären, die bei euch geschehen sind – längst schon wären sie in Sack und Asche« (Mt 11,21). Mit solchen Aussagen hat sich der Rabbi aus Nazaret gewiss keine Freunde gemacht; das war reine Provokation.

Tyrus und Sidon sind zwei Städte im Norden, im heutigen Libanon. Hier lebten Kanaaniter. Sie verehrten Gottheiten wie Baal und Aschera, galten also in den Augen der jüdischen Bevölkerung als Heiden. Von den Propheten werden diese Städte sehr abschätzig eingestuft: Dort sind viel Macht und Geld, aber trauen darf man den Bewohnern dieser Städte nicht. – Jesus dagegen findet hier tiefgläubige Menschen.

Markus erzählt weiter, dass Jesus diese Städte wieder verlässt und in die Dekapolis wandert. Dekapolis heißt auf Deutsch: zehn Städte. Es handelt sich um eine Art Städtebund, von griechischen Besatzern gegründet. Hier herrschte zur Zeit Jesu ein liberaler griechischer Geist. Man hielt sich nicht so sehr an die jüdischen Vorschriften. Matthäus erzählt, dass die Leute dort Schweine gehalten haben, für gläubige Juden undenkbar – nicht nur aus hygienischen Gründen, sondern weil die Tiere dem griechischen Gott Zeus geopfert wurden. Aber ausgerechnet hier heilt Jesus. Schon wieder eine Provokation für die Frommen. Ihre gewohnten Vorstellungen kommen durcheinander.

Diese Provokation hat Markus bewusst in sein Evangelium aufgenommen. Es ist die kritische Anfrage an die Leserinnen und Leser, ob die ihrer religiösen Praxis zugrundeliegenden Bilder und Vorstellungen nicht doch den Glauben erstarren lassen oder zum Erlahmen bringen. Positiv ausgedrückt heißt die Botschaft: Gott wirkt auch außerhalb der von Menschen gesteckten Grenzen. Auch dort geschehen »Wunder«.

Die Art und Weise, wie Jesus den Mann heilt, ist für Leute mit engmaschigen Hygieneregeln geradezu abstoßend: Die Finger in die Ohren eines Menschen stecken und seine Zunge mit Spucke berühren. Die Lutherbibel bringt eine interessante Übersetzungsvariante: »Er (Jesus) legte ihm die Finger in die Ohren und spuckte aus und berührte seine Zunge.« Man könnte meinen: Jesus hat auf den Boden gespuckt und mit dieser Geste dem Mann gewissermaßen bedeutet: Spuck aus, was dir auf der Seele liegt. So gesehen wäre der Mann gar nicht (nur) organisch stumm gewesen, sondern er wollte sich nicht mehr mitteilen. Vielleicht war er niedergemacht worden, mundtot. Vielleicht war er am Leben gescheitert, hatte keinen Mut mehr. Jesus lockt ihn: Effata! Tu deinen Mund auf. Öffne dich! Er soll sich nicht den Mund verbieten lassen, weil seine Meinung anders ist als die der anderen. Er soll nicht so sehr darauf hören, was anderen sagen, sondern was sein Herz gebietet. Er hat ein Recht, so zu sein, wie er ist. Jesus hat nicht nur seine Ohren und seine Zunge, sondern sein ganzes Wesen von unnötigen Fesseln befreit.

Ich denke dabei an die Geschichte von zwei Jugendlichen, die aus Eritrea geflüchtet waren. Sie leben heute in einer deutschen Großstadt. Die beiden Geschwister konnten in ihrer Heimat nicht bleiben, dort herrschen Willkür und Korruption. Das Mädchen hatte Angst, wie andere junge Frauen zwangsverheiratet zu werden. Der Junge fand keine Arbeit und keine Lebensperspektive. ↗

Die Geschwister hatten niemanden über ihre Fluchtpläne informiert, nicht einmal die Eltern. Sie wollten sie nicht als Mitwissende gefährden. Ein langer Weg führte sie über Äthiopien und den Sudan nach Libyen. Wie viele anderen kamen sie in einem Schlauchboot über das Mittelmeer nach Europa. Der Anfang in Deutschland war schwer für sie: Massenunterkunft, Befragungen, Formulare, Asylantrag. Am schwersten war es, so sagen sie heute, zu verstehen und sich mitzuteilen. Dabei waren die Sprachschwierigkeiten nicht das einzige Hindernis. Die beiden Geschwister wurden als Fremde behandelt und mussten darum betteln, ernst genommen zu werden. Sie kamen sich vor, als wären sie taub und stumm.

Diese Geschichte hat mir einen neuen Zugang zur Heilungsgeschichte bei Markus vermittelt. Menschen wie die beiden eritreischen Geschwister, die gezwungenermaßen nicht verstehen und sich nicht mitteilen können, gibt es Millionen auf unserer Erde. Spätestens seit der Corona-Pandemie wissen viele von uns aus eigener Erfahrung, was es bedeutet, wenn die Kommunikation gestört ist. Wenn wir auch nicht körperlich stumm und taub sind, können wir doch die Fesseln von Distanz, Einsamkeit und Sprachlosigkeit sehr schmerzhaft spüren.

Im Evangelium geschieht das Wunder durch eine Berührung. Sie setzt voraus, dass ich bereit bin, mich berühren zu lassen. Das »Effata – Öffne dich!« ist die Einladung dazu. Berührung ist mehr als Hautkontakt. Wir werden von Worten und Gesten, von Blicken und Zurufen, von Mitteilungen und Mitgefühl berührt. Berührung geschieht in jeder Begegnung.

Wenn ich Markus richtig verstehe, geht es ihm hier zuerst um eine Glaubensgeschichte. Glaube ist ein Zusammenspiel von göttlicher Berührung und menschlichem Aufbruch. Der Mensch, der hier im Evangelium geheilt wird, nimmt die Berührung dankbar an. Mit ihm auch alle Umstehenden. »Er hat alles gut gemacht«, sagen sie über Jesus. Ist Glaube nicht zuerst dies: Berührung annehmen und wahrnehmen? Geht es zuallererst nicht darum, die Sinne des Herzens zu öffnen? Dann erfahre ich täglich zahllose Berührungen. Sie sind zutiefst Berührungen Gottes.

38 Wunder, Wunder jeden Tag

Wunder, Wunder jeden Tag,
viel mehr als ich es fassen mag.
Danke, sag ich. Danke!

Die gute Laune schon am Morgen,
der Schlüssel, den ich wiederfand.
Die Männer, die den Müll entsorgen,
ein Musikant am Straßenrand.

Die Überraschung, das Verrückte,
die kleinen Dinge, die geschehn.
Der Blumenstrauß, den ich grad pflückte,
ich kann mich gar nicht satt dran sehn.

↗

Das Fest, bei dem die Korken knallen,
die Stille, die der Wald beschert,
die vielen Songs, die mir gefallen,
die Vorfahrt, die man mir gewährt.

Die Ärzteclowns mit roten Nasen,
der Patient, der Witze macht.
Die Kinder pusten Seifenblasen
und ihre Lehrerin, die lacht.

Nicht zählen kann ich sie, die Wunder,
trotz Sorgen bin ich frohgestimmt.
Die Zuversicht, sie geht nicht unter,
dass wir in guten Händen sind.[12]

---

12 Text: Helmut Schlegel, Musik: Joachim Raabe; aus: Wurzeln können – Liederbuch für eine lebendige Gemeinde, hg. v. Patrick Dehm © Dehm Verlag, Limburg 2023.

III Segnen und sich segnen lassen

39 Wunschdose oder Segensnetz

Auf einer Dankeschön-Karte schrieb ein Freund
nach der Feier seines Geburtstages:
Es sind so viele gute Wünsche gekommen,
dass ich gar nicht weiß,
wie ich sie auf der Stelle verbrauchen kann.
Deshalb habe ich mir
eine große Dose zugelegt
und die Wünsche hineingegeben.
Wenn ich etwas davon brauche,
werde ich sie öffnen
und mir ein Stück herausnehmen
und in Gedanken nochmals dafür danken.

Schöne Idee, dachte ich mir
und wollte mir auch
eine solche Dose zulegen.
Ich wollten sie Segensdose nennen
und an einem Ort aufstellen,
wo viele Menschen vorbeikommen
und sich eine Minute Zeit nehmen können,
um für jemanden,
der ihnen am Herzen liegt,
ein Segensgebet aufzuschreiben.

Warum ich es nicht getan habe?
Weil eine Dose kein Platz für Segensgebete ist.
Da sind sie eingegrenzt vom Blech
und eingesperrt im Dunkeln.
Segensgebete

brauchen die Weite des Himmels.
Sie wollen schweben und fließen,
über den Horizont hinausfliegen,
dem Himmel entgegen.

Ich möchte lieber,
dass die Gebete zu einem großen Netz werden,
zu dem viele einen Segensfaden beitragen.
Und ich möchte, dass die von Sorgen Geplagten
aufgefangen werden von dem großen Netz.
Und aufgefangen von der Hand Gottes,
der seine Sonne aufgehen lässt
über uns allen.

40 Weißt du, dass du gesegnet bist?

Weißt du, dass du gesegnet bist,
ein Engel mit dir geht?
Weißt du, dass er ganz nahe ist
und dir zur Seite steht?

Gesegnet deine Stunden, Tage,
gesegnet jeder Augenblick.
Gesegnet, was dir gut gelungen,
und ebenso dein Missgeschick.

Gesegnet deine Geistesblitze,
die Utopie, von der du träumst.

↗

Gesegnet deine Fehler, Pannen,
was schief geht und was du versäumst.

Gesegnet deine Lieblingsmenschen,
wer mit dir weint und mit dir lacht.
Gesegnet auch, die dich nicht mögen
und wer dir nichts als Ärger macht.

Gesegnet auch die Alltagsdinge:
der Wecker und die Zahnpasta.
Glaub mir, in all den Kleinigkeiten
ist ganz gewiss dein Engel da.[13]

41 Gott, reiße deinen Himmel auf

Gott, reiße deinen Himmel auf,
lass deinen Segen fließen.
Lass deiner Güte freien Lauf,
das Leben möge sprießen.

Wir sehen Farben bunt und schön
am Regenbogenhimmel.
So bunt kann auch die Erde sein,
wenn wir sie zärtlich pflegen.

---

13 Text: Helmut Schlegel, Musik: Joachim Raabe; aus: Wurzeln können – Liederbuch für eine lebendige Gemeinde, hg. v. Patrick Dehm © Dehm Verlag, Limburg 2023.

Wir bauen uns ein Mutmachhaus,
ein Haus aus Licht und Weite,
wo Kinder spielen, fröhlich sind
und wo die Liebe atmet.

Wir üben den Versöhnungstanz
mit Freunden und mit Feinden,
bis wir gemeinsam Schritt für Schritt
im Frieden uns bewegen.

Wir pflanzen einen Hoffnungsbaum
und ruhn in seinem Schatten,
Dort spricht im Schweigen Gott zu uns,
dort blüht für uns der Himmel.[14]

42 Wie den Regen lass ihn strömen

Gott schenke Kühnheit dir am Morgen,
am Mittag leuchte dir sein Licht.
Dank ihm für deinen Tag am Abend,
dass dich zur Nacht kein Kummer sticht.

Wie den Regen
lass ihn strömen,
deinen Segen,
guter Gott.

↗

---

14 Text: Helmut Schlegel, Musik: Johannes Schröder; aus: Wurzeln können – Liederbuch für eine lebendige Gemeinde, hg. v. Patrick Dehm © Dehm Verlag, Limburg 2023.

Gott trage dich in schweren Zeiten –
vertraue nur, dass er dich sieht.
Tau soll auf deine Wüste fallen,
dass sie zum Garten wird und blüht.

Wie den Regen
lass ihn strömen,
deinen Segen,
guter Gott.

Gott webe dir mit Himmelsfäden
ein Kleid aus Liebe, Mut und Trost
und gebe, dass der Kuss des Friedens
dir Herz und Seele sanft liebkost.

Wie den Regen
lass ihn strömen,
deinen Segen,
guter Gott.[15]

---

15 Text: Helmut Schlegel, Musik: Johannes Schröder; aus: Wurzeln können – Liederbuch für eine lebendige Gemeinde, hg. v. Patrick Dehm © Dehm Verlag, Limburg 2023.

43 EngelSegen I

Deinen Engel sende, Gott, den Engel, den ich brauche.

Schick mir den Weck-Engel,
der mir sanft die Augen öffnet für den neuen Tag.

Schick mir den Morgen-Engel,
der meine Sinne fröhlich zum Klingen bringt.

Schick mir den Licht-Engel,
der mich ermutigt, die hellen und die dunklen Seiten zu sehen.

Schick mir den Trost-Engel,
der mich in der Trostlosigkeit an der Hand nimmt.

Schick mir den Geduld-Engel,
der mich lehrt zu warten, bis die Dinge reif sind.

Schick mir den Humor-Engel,
der immer einen Grund zum Lachen findet.

Schick mir den Stille-Engel,
der zu gegebener Zeit gebietet zu schweigen.

Schick mir den Treue-Engel,
der mich lehrt, beharrlich zu denen zu stehen, die mir nahe sind.

↗

Schick mir den Respekt-Engel,
der die Würde aller Geschöpfe anerkennt.

Schick mir den Selbstsorge-Engel,
der mich die Balance zwischen Selbstliebe und Nächstenliebe lehrt.

Schick mir den Mut-Engel,
der mir die Kraft zutraut, das Menschenmögliche zu tun.

Schick mir den Mitgefühl-Engel,
der mich teilnehmen lässt an der Freude und dem Leid anderer Menschen.

Schick mir den Schutz-Engel,
der mir den Rücken stärkt und mich vor Gefahren warnt.

Schick mir den Segens-Engel,
der seine Hand über mich und uns alle hält.

44 EngelSegen II

Einen Engel hat Gott dir zur Seite gestellt,
einen Engel mit wachsamen Augen.
Er schützt deinen Weg und behütet dein Zelt,
du kannst ihm vertrauen und glauben.
Hör zu, was er spricht:
Fürchte dich nicht!

So hab keine Angst vor den Schrecken der Nacht,
sei ruhig, was immer geschehe,
und wisse bei allem, was Sorgen dir macht:
Dein Engel ist ganz in der Nähe.
Hör zu, was er spricht:
    Fürchte dich nicht!

Und gehst du durch Feuer und Wasser und Sturm
es wird dich kein Unheil bezwingen.
Dein Engel ist da – ein leuchtender Turm,
er wird dich in Sicherheit bringen.
Hör zu, was er spricht:
    Fürchte dich nicht![16]

45 EngelSegen III

Der Engel Gottes sei dir
ein Bruder in Gefahr,
so wie am Tag und Morgen
er schützend bei dir war.

Der Engel Gottes lindre
die Trauer und den Schmerz,
erfrische deine Sinne,
schenk dir ein frohes Herz.

↗

16 Text: Helmut Schlegel, Musik: Wolfgang Klockewitz; aus: Wurzeln können – Liederbuch für eine lebendige Gemeinde, hg. v. Patrick Dehm © Dehm Verlag, Limburg 2023.

Der Engel Gottes gebe
dir Zuversicht und Mut,
sei Wolke dir und Schatten
und Kühlung in der Glut.

Der Engel Gottes räume
dir Steine aus dem Weg.
Er lenke deine Schritte,
sei Straße dir und Steg.

Der Engel Gottes leuchte
und sei dein Licht zur Nacht.
In Ruhe kannst du schlafen,
weil er im Stillen wacht.[17]

46 AtemSegen

Dieser Segen kann auch mit entsprechenden Gesten und Gebärden gebetet werden.

Ich stehe gut aufgerichtet auf der Erde.
Unter mir der Boden, der mich trägt.
Es ist nur ein kleines Fleckchen Erde,
auf dem ich stehe, und doch:
Wo ich stehe, finden Milliarden winzige Wesen
Raum zum Leben und Nahrung.

---

17 Text: Helmut Schlegel, Musik: Johannes Schröder; aus: Wurzeln können – Liederbuch für eine lebendige Gemeinde, hg. v. Patrick Dehm © Dehm Verlag, Limburg 2023.

Ich verneige mich zum Boden hin
und segne mit meinem Atem die Erde:
Auf ihr, von ihr und mit ihr lebe ich.
Sie ist uns Menschen geschenkt,
um sie zu hüten und zu bebauen.

Ich erhebe meine Augen wieder
und wende sie den Menschen zu,
die neben mir stehen oder sitzen.
Unsere Blicke begegnen sich.
Manche kenne ich, andere sind mir fremd.
Uns verbindet ein stiller Gruß,
ein Kopfnicken, ein Lächeln, eine winkende Hand.
Mit meinem Atem segne ich alle, die hier sind.
Und ich spüre auch den Segen, der mir zugedacht wird.
Nicht Nebenmenschen sind wir, sondern Mitmenschen.

Ich hebe meinen Kopf nach oben
und sehe den Himmel über mir:
Luft, Wind, Wolken, Atmosphäre, Universum.
Ich nehme die Kraft des Himmels in mir auf,
die Weite und Höhe, die Breite und die Tiefe.
Der unendliche Raum umhüllt mich.
Mit meinem Atem segne ich die Lebewesen in der Luft:
die Vögel, die Schmetterlinge,
die Bienen, die Hummeln,
die Insekten, die bedroht sind.
Ich segne den Himmel, der sich über uns breitet
und für den Gott uns bestimmt hat.

↗

Ich schließe meine Augen und spüre in mich hinein.
Leben pulsiert in meinem Körper und in meiner Seele.
Ein kostbarer Schatz ist in mir verborgen.
Ich lege meine Hände auf mein Herz,
spüre sein Klopfen, spüre meine Mitte.
Ich werde still und höre ins Schweigen.
Mit meinem Atem lasse ich zu,
dass mich Gottes Geist und Segen durchströmt.
Segen bewegt mein Herz,
Segen fließt in meinen Adern.
Und so sage ich Dank:
Du, Gott, bist meine Mitte,
mein Leben, mein Sinn,
mein Alles.

47 PaarSegen I

Gott segne euch.
Er hat euch beiden das Leben geschenkt.
In Liebe hat er hat euch zueinander geführt.
Er sei in eurer Mitte
und lasse euch zusammenwachsen.

Gott segne euch.
Der Friede Christi wohne in euren Herzen.
So werdet ihr einander immer tiefer verstehen
und von der Gabe des Friedens
und der Versöhnung leben.

Gott segne euch.
Er schenke euch die Kraft der Treue
und lasse eure Zärtlichkeit zueinander wachsen.
So werdet ihr in guten und schweren Tagen
zueinander stehen.

Gott segne euch.
Güte und Gastfreundschaft
seien bei euch zu Hause.
Wer bei euch anklopft,
finde aufmerksame Ohren.
Niemand soll von euch weggehen
mit traurigem Herzen.

Gott segne euch.
Er schenke euch
Gesundheit an Leib und Seele,
Schaffenskraft und Lebensfreude
und gebe, dass euch die Sorge nicht erdrückt.

Gott segne euch.
Wo ihr Menschen begegnet,
herrsche gegenseitiges Wohlwollen.
Treue Freunde mögen euch
immer zu Seite stehen.

Gott segne euch.
Die Fürsorge eurer Familien wird euch begleiten.
Was ihr euren Kindern an Liebe schenkt,
möge hundertfach zu euch zurückkommen.

↗

Gott segne euch.
Er gebe euch Entschiedenheit,
das Gute zu tun.
Was zerbrechlich ist, möge er stärken,
was unvollendet bleibt,
in seiner Ewigkeit vollenden.

48 PaarSegen II

Gott, der euch die Liebe zueinander
ins Herz gegeben hat,
rufen wir in unsere Mitte.

Gott segne euch und gebe,
dass ihr ein Herz und eine Seele werdet.

Gott behüte euch
und halte seine schützende Hand über euch.

Gott lasse sein Gesicht über euch leuchten
und zeige euch den gemeinsamen Weg.

Gott sei euch gnädig
und helfe euch täglich, einander zu verstehen.

Gott wende euch sein Gesicht zu,
dass euer Glück stärker sei als eure Sorgen.

Gott gebe euch Freude an eurem Tun und Arbeiten
und befähige euch als Bauleute des Friedens.

Amen. So soll es sein,
heute, an diesem festlichen Tag,
morgen und an allen Tagen,
die ihr leben werdet.

Amen. So soll es sein.
Gott wird euch begleiten
durch Zeiten des Glücks und des Leids,
bis ihr euer Ziel findet in ihm.

49 MutSegen

Gott segne dich,
dass du den Mut zu reifen hast,
auch wenn du
niemals fertig bist.

Gott segne dich,
dass du geduldig Samen streust,
auch wenn du
keine Früchte siehst.

Gott segne dich,
dass deine Worte ehrlich sind,
auch wenn du
einen Freund verlierst.

↗

Gott segne dich,
dass du Versöhnungsbrücken baust
auch wenn du
nicht verstanden wirst.

Gott segne dich,
dass du IHM treu verbunden bleibst,
auch wenn ER schweigend
sich verbirgt.[18]

50 NeujahrsSegen

Segen über das neue Jahr.
Segen über die Zeit, die vor uns liegt.
Segen über Monate und Wochen,
über Tage, Stunden, Minuten und Sekunden.
Segen über jeden winzigen Augenblick.

Segen über die Erde und was auf ihr wächst,
Segen über die Tiere, die Bäume,
die Kräuter und Blumen,
das Wetter, den Wind,
den Regen und die Gewitter.

---

18 Text: Helmut Schlegel, Musik: Johannes Schröder; aus: Wurzeln können – Liederbuch für eine lebendige Gemeinde, hg. v. Patrick Dehm © Dehm Verlag, Limburg 2023.

Segen über die Menschen,
die jungen und die alten,
die Kinder und die Eltern,
die gesunden und die kranken,
die sorglosen und die besorgten.

Segen über alle, die mit uns leben,
die Nahen und die Nächsten,
die uns inspirieren und die uns bremsen.
Segen über die Lachenden und die Weinenden,
über die Mutigen und die Mutlosen.

Segen über unser Bemühen um den Frieden,
über die Anstrengungen, die Erde zu bewahren,
über den Kampf gegen Hunger und Krieg,
über jeden kleinen Schritt, der zusammenführt:
Völker und Nationen, Kulturen und Religionen.

Segen über alle und über alles –
so wahr Gott Mutter und Vater ist
und Leben schenkt.
So wahr uns Jesus Christus
in jedem Menschen begegnet.
So wahr Gottes Heilige Ruach
in uns wirkt und schafft.
Amen. So ist es. So wird es sein.

51 FastenzeitSegen

Es ist möglich, jeweils auf den Teil des Körpers zu deuten, der angesprochen wird, oder ihn zu berühren.

Ich möchte, dass mein Kopf frei wird
von quälenden Gedanken,
in denen ich mich nur um mich selbst drehe.

Ich möchte, dass meine Augen gütig werden,
frei von Neid und Eifersucht,
neugierig auf den Frühling, der erwacht,
und auf das Schöne um mich.

Ich möchte, dass meine Ohren hellhörig werden
und durch die vielen Töne und Geräusche hindurch
die Musik Gottes vernehmen.

Ich möchte, dass meine Hände sich öffnen
und wie ein Gefäß das Gute aufnehmen,
das mir geschenkt wird.

Ich möchte, dass meine Füße den Weg finden
zu den Menschen, die meinen Trost brauchen
und mit denen Versöhnung ansteht.

Und so stelle ich mich vor Gott, den Lebendigen,
und zeichne über mich das Kreuz,
das mir Halt und Erlösung schenkt.

52 OsterSegen

Durch deine Kraft,
Gott des Lebens,
ist das Kreuz
Lebensbaum
geworden.
Halleluja.

Durch deine Kraft,
Gott des Lebens,
ist das Grab
mit Osterlicht
erfüllt.
Halleluja.

Durch deine Kraft,
Gott des Lebens,
ist Christus
Licht und Segen
für die Welt.
Halleluja.

Durch deine Kraft,
Gott des Lebens,
sind wir bereit
für den Aufstand
des Lebens.
Halleluja.

53 PfingstSegen

Geist Gottes, heiliger Hauch.
Du, atme in uns
und schenke uns Leben,
Leben, das niemals wird enden.

Geist Gottes, heiliger Sturm.
Du, wirke in uns
und schenke uns Klarheit,
Klarheit, die niemals verdunkelt.

Geist Gottes, heilige Glut.
Du, brenne in uns
und schenke uns Freude,
Freude die niemals erkaltet.

Geist Gottes, heilige Kraft.
Du, richte uns auf
und schenke uns Zukunft,
Zukunft, die niemals veraltet.

Geist Gottes, heiliger Geist.
Du, wärm uns das Herz
und schenke uns Segen,
Segen für uns und für alle.[19]

---

19 Text: Helmut Schlegel, Musik: Arndt Büssing; aus: Wurzeln können – Liederbuch für eine lebendige Gemeinde, hg. v. Patrick Dehm © Dehm Verlag, Limburg 2023.

54 WeihnachtsSegen

Mensch geworden,
lebst du
mitten unter uns.
So breitet sich dein Segen aus,
ein weites Zelt zum Wohnen –
und alle haben Platz.

Mensch geworden,
lebst du
mitten unter uns.
So breitet sich dein Segen aus
wie frische Luft am Morgen –
und alle atmen auf.

Mensch geworden,
lebst du
mitten unter uns.
So breitet sich dein Segen aus
wie frohes Kinderlachen –
und alle freuen sich.

Mensch geworden
lebst du
mitten unter uns.
So breitet sich dein Segen aus
wie Kraft von einem Feuer –
und alle wärmen sich.

↗

Mensch geworden,
bist du
mitten unter uns.
So breitet sich dein Segen aus
wie ein Gesang vom Frieden –
und alle stimmen ein.

55 SilvesterSegen

Ein Jahr ist vergangen
und das ist meine Bilanz:
Sechsunddreißig Millionen fünfhunderttausend
Herzschläge.
Sieben Millionen dreihunderttausend Atemzüge.
Eine Million achthundertfünfundzwanzig Schritte.
Alles nur statistische Mittelwerte.

Auch das ist meine Bilanz:
rund ein Liter geweinte Tränen,
zu wenig neue Lachfalten in den Augenwinkeln,
dafür viel zu oft die Muskeln angespannt,
um ein ernstes Gesicht zu machen.
Und viel Ärger ohne wirkliche Not.

Ein Jahr voller Ereignisse,
randvoll gefüllt mit Freude und Schmerz,
Abschied und Neuanfang,
Euphorie und Verzweiflung,
guten und schlechten Erinnerungen.

Zu schade, dieses vergangene Jahr
einfach ad acta zu legen
wie den alten Kalender.
Zu schade, dieses Stück gelebtes Leben
in der Rumpelkammer der Vergangenheit abzustellen.

Ich will es lieber
behutsam in die Schatzkiste
der Dankbarkeit deponieren.
Ich will dort auch die Scherben ablegen.
Sie erinnern mich an die Wunderkraft meiner Seele,
Wunden in Narben zu verwandeln.

Ich will dieses Jahr nicht alt nennen oder vergangen,
denn es ist noch jung und lebt in jeder Zelle meines Seins.
Ich will es segnen, lateinisch »benedicere«,
auf Deutsch wörtlich: gut darüber reden.
Und nicht vergessen:
Es war, nein es *ist* ein Geschenk.

56 Segen der Jahreszeiten[20]

A
Frühling
Amseln, die Choräle singen,
Tanzfest bei den Schmetterlingen ↗

20 Text: Helmut Schlegel, Musik: Stephan Sahm; aus: Wurzeln können – Liederbuch für eine lebendige Gemeinde, hg. v. Patrick Dehm © Dehm Verlag, Limburg 2023.

und ein warmer Frühlingsregen –
danke, du, für diesen Segen.

Frisches Grün auf feuchter Erde,
Hoffnung, dass es wärmer werde.
Glücksgefühle, die sich regen –
danke, du, für diesen Segen.

Veilchen, die am Wegrand sprießen,
Kinder, die mich lachend grüßen,
Nachbarn, die Kontakte pflegen –
danke, du, für diesen Segen.

Und am Abend diese Stille,
irgendwo zirpt eine Grille,
darf mich jetzt zur Ruhe legen –
danke, du, für diesen Segen.

B
Sommer
Danke, Gott, die Sonne lacht,
bin behütet aufgewacht.
Blütenduft
liegt in der Luft.
Erde hat sich frisch gemacht.

Geh zum Fenster, schau ich hinaus:
munter auch das Nachbarhaus.
Morgenlicht –
ganz sanft und schlicht,
spendet dir, Gott, still Applaus.

Vor dem Haus der alte Baum,
wiegt sich, schaut in meinen Raum.
Hallo du,
winkt er mir zu:
Träum mit mir den Lebenstraum.

Welch ein Segen, Sommerzeit!
Zeit, die uns der Himmel leiht,
lichtgetränkt,
von Gott geschenkt,
Zeit für Glück und Dankbarkeit.

C
Herbst
Blätter wirbeln durch den Wind,
nur die reifen Äpfel sind
noch am Ast –
welch süße Last!
Komm, wir pflücken sie geschwind.

An den Stöcken wächst der Wein,
Winzer bringen Trauben ein.
Neue Kraft
schenkt uns ihr Saft,
wird uns wohl zum Segen sein.

Ja, der Herbst kam wie im Flug,
auf den Feldern zog der Pflug
seine Spur.
In der Natur
gibt uns Gott mehr als genug.

D
Winter
Im Haus der Kachelofen wärmt.
Man sitzt am Tisch, erzählt und schwärmt:
Es ist Advent. –
Die Kerze brennt,
auch wenn es draußen stürmt und lärmt!

Freut euch, bald kommt nach kurzer Frist
das Fest, da Gott geboren ist
als kleines Kind –
wie froh wir sind,
versöhnt und frei in Jesus Christ.

So achtet mir die Winterzeit,
und nennt sie nicht vermaledeit.
So karg und arm
hat sie doch Charme,
hält ihren Segen uns bereit.

57 SterbeSegen

Wenn ein Mensch stirbt, versagen die Worte. Wir fühlen uns weitgehend ohnmächtig, kämpfen mit den Tränen, stehen oder sitzen stumm um das Krankenlager. Viel mehr als Worte können jetzt Zeichen ausdrücken, was wir sagen wollen. So vermittelt die gehaltene Hand der / dem Sterbenden das Empfinden von Verbundenheit und Halt.

Wo es möglich ist, kann das Ritual des Sterbesegens auch in Gemeinschaft gefeiert werden. Der im Folgenden vorgeschlagene Ritus geht von der Anwesenheit einer Seelsorgerin / eines Seelsorgers aus. Aber die Feier des Sterbesegens kann auch von Angehörigen und / oder Freund/inn/en gestaltet werden. Sie sollte in einer Atmosphäre der Ruhe und Sammlung stattfinden – unterstrichen durch Symbole: einen weiß gedeckten Tisch mit Blumen und einer Kerze, ein Kreuz oder ein österliches Bild, ein Gefäß mit Weihwasser, ein Gefäß mit duftendem Öl.

Die / der Sterbende (sofern sie / er bei Bewusstsein ist) und die Anwesenden werden persönlich angesprochen und zur Mitfeier eingeladen – etwa mit folgenden Worten:

Dies ist eine schwere Stunde für uns alle. Und doch empfinden wir gerade hier eine tiefe Verbundenheit. Lasst uns unsere Gedanken, unsere Wünsche und Ängste ins Gebet nehmen und um Gottes Segen bitten.

Beginnen wir im Namen Gottes, des Vaters und des Sohnes und des Heiligen Geistes. Amen.

Die Liturgin / der Liturge zündet die Kerze an und spricht:

N. N., dein Leben ist ein Licht – von Gott entzündet.
Es brennt und leuchtet. Es wird im Tod nicht erlöschen,
es wird verwandelt in das große und ewige Licht Gottes.
So sei uns die brennende Kerze ein Zeichen unserer Hoffnung auf das ewige Leben.

N. N., Gott hat dir das Leben geschenkt.
Kostbar ist die Zeit, die du mit uns teilst, ↗

kostbar die Liebe, die du empfangen und geben darfst, kostbar das Gute, das du für uns tust. Für alles danken wir.

Wort Gottes
Der Prophet Jesaja hat sein Volk Israel getröstet.
Seine Worte dürfen wir einander zusprechen.

So spricht Gott, der dich erschaffen und dich geformt hat: Fürchte dich nicht, denn ich habe dich beim Namen gerufen, du bist mein! Wenn du durchs Wasser schreitest, bin ich bei dir, wenn durch Ströme, dann reißen sie dich nicht fort. Wenn du durchs Feuer gehst, wirst du nicht versengt, keine Flamme wird dich verbrennen. Denn ich, Gott, bin dein Retter. Fürchte dich nicht, denn ich bin mit dir! (Jes 43,1–3a)

Segen
N. N., dein Leben ist ein Geschenk Gottes.
Er segnet und behütet dich.

Kreuzzeichen (mit Weihwasser) auf die Stirn
Gesegnet sind deine Gedanken und Worte.
Gesegnet sind deine Fürsorge und Liebe.
Gesegnet sind dein Glaube und deine Hoffnung.
Gesegnet sind dein Atem und deine Lebenskraft.

Kreuzeichen (mit Weihwasser) auf die rechte Hand
Gesegnet ist, was durch deine Hände geschehen ist,
dein Tun und Schaffen, dein Fleiß und deine Arbeit.
Das Gelungene ist aufgehoben im Schatz dieser Erde,
das Misslungene wird Gott verwandeln.

Kreuzzeichen (mit Weihwasser) auf die linke Hand
Gesegnet ist, was du geschenkt hast:
die Zärtlichkeit und die Umarmungen,
die Zuwendung und die Aufmerksamkeit.
Nichts davon geht verloren.
Was du schuldig geblieben bist,
wird dir der barmherzige Gott vergeben.

Liturgin / Liturge hält ein österliches Bild.

Im Glauben an den auferstandenen Christus tragen wir die Hoffnung in uns, dass wir nach dem Leben auf dieser Erde heimkehren zu Gott. Von Jesus ist uns zugesagt: Wir werden uns wiederfinden in der Ewigkeit Gottes.

Die Angehörigen, Freundinnen und Freunde werden eingeladen, N. N. auf ihre Weise zu segnen.

Alle beten gemeinsam das Vaterunser.

Wir erbitten in dieser Stunde den Segen für uns alle.
Gott möge uns Kraft geben für die kommenden Tage:

Gott segne uns und behüte uns.
Gott lasse sein Angesicht über uns leuchten
und sei uns gnädig.
Gott wende sein Angesicht uns zu
und schenke uns Frieden.
Das gebe uns der dreifaltige Gott,
der Vater und der Sohn und der Heilige Geist. Amen.

58 Einander segnen

Wir bilden einen Kreis und halten beide Hände wie kleine Schalen zur Mitte hin. So bitten wir Gott, uns die Fülle des Segens zu schenken.

Gott segne dich und mich,
denn er kennt dich und mich.
Er weiß um unsere Talente,
er weiß um die Absicht der Liebe
und er ist eingedenk der Wege,
die du und ich schon gegangen sind.
Er weiß auch um deine und meine Grenzen und Fehler.
Gott legt seine Treue
und den Reichtum seines Segens
in deine und meine Hand.

Wir führen die rechte Hand zum Herzen
und lassen zu, dass Gottes Segen uns erfüllt.

Gottes Segen durchströmt uns,
das Herz und den Atem,
die Gedanken und die Gefühle,
unseren Leib und unsere Seele.
Gottes Geist wirkt in uns und durch uns.
Jeder Schlag des Herzens
ist von seiner Segenskraft erfüllt.

Wir legen die linke Hand auf die Schulter
unserer linken Nachbarin / unseres linken Nachbarn.

Von meinem Segen darf ich weitergeben
dir und dir und dir und euch und allen.
Empfange auch du, empfangt ihr alle
den Segen, der von Gott ausgeht.
Er mache uns zu Geschwistern,
die nach Gottes Bild geschaffen sind.
Er lasse uns aus derselben Quelle trinken.

So segne uns und unsere Welt
der liebende Gott,
der uns begegnet als Mutter und Vater,
als Bruder und Freund
und als Heilige Geistkraft. Amen.

59 Malefiz und Benefiz

Malefiz.[21]
Manche glauben,
es ist nur ein Spiel.
Das ist ja das Perfide:
Die Malefizkerle treiben
ihr Spiel
mit mir, mit dir, mit uns allen.
Es ist ein böses Spiel,
ein Machtspiel,
ein Kriegsspiel.

↗

21 Maleficere (lat.): Übles tun, hinterhältig handeln. Beneficere (lat.): Gutes tun, großmütig handeln.

Du verlierst auf jeden Fall,
du verlierst den Glauben
an dich und an das Gute.
So halte dagegen mit all deiner Kraft
und mit göttlichem Segen.

Benefiz
geht lächelnd durchs Land.
Macht Musik,
tröstet die Kleinen,
verteilt Brot,
spricht Mut zu
und ist ein Segen
für alle.
Die Augen der Kinder strahlen,
die Alten nicken dankbar
und erinnern sich an bessere Zeiten.
Ein Ruck geht durch uns alle,
wir denken wieder groß von uns
und lassen uns
nicht kleinkriegen.

IV Rituale
Übungen
liturgische Elemente

60 Achtgeben

Alle stehen und legen ihre beiden Hände auf das Herz.

Achtgeben will ich auf meine Gedanken,
sie werden zu Worten.
Achtgeben will ich auf meine Worte,
sie werden zu Urteilen.
Achtgeben will ich auf meine Urteile,
sie werden zu Haltungen.
Achtgeben will ich auf meine Haltungen,
sie werden zu Handlungen.
Achtgeben will ich auf meine Handlungen,
sie werden zu Gewohnheiten.
Achtgeben will ich auf meine Gewohnheiten,
sie werden zum Charakter.
Achtgeben will ich auf meinen Charakter,
Er wird zu meinem Lebenshaus.

Alle erheben beide Hände mit der Handfläche nach oben.

Gott, gib du acht auf
meine Gedanken,
meine Worte,
meine Urteile,
meine Handlungen,
meine Gewohnheiten,
meinen Charakter.

Alle machen langsam das Kreuzzeichen.

Gib acht auf mein Lebenshaus
und bewohne du es,
du Mutter und Vater,
du Bruder und Freund,
du Heilige Geistkraft. Amen.

61 Sternanis – Duftstern

Dieses Ritual, das besonders den Geruchssinn anspricht, kann sowohl in einem Kirchenraum als auch in einer Wohnung oder einem Versammlungsraum gefeiert werden. Die Adventszeit ist dafür besonders geeignet.

- *Jede Teilnehmerin und jeder Teilnehmer bekommt zu Beginn eine Karte, auf die eine getrocknete Sternanis-Frucht geklebt ist.*
- *Zur Gestaltung der Feier wird jahreszeitlich passende Musik ausgewählt, die einzelne Elemente unterbricht.*
- *An das Ritual kann sich ein gemeinsames Essen oder eine andere Feier anschließen.*
- *Die Feier beginnt mit einer persönlichen Begrüßung und mit kurzen Hinweisen.*

Zwei Personen lesen die folgenden Texte vor:

I – Sie haben beim Betreten dieses Raumes auf Ihrem Platz eine Karte mit einer Sternanis-Frucht gefunden. Dieses Gewürz riecht nicht nur gut, es ist auch schön anzuschauen. Und nicht zuletzt: Der Sternanis ist ein Heilgewürz. Nasen-

↗

trost – das ist das Motto dieser Feier. Es kann ein Trostritual für alle Sinne werden.

II – Als Kind habe ich mich gefreut auf die Weihnachtsbäckerei. Mit am schönsten waren die Düfte der vielen Zutaten. Orangen, Zimt, Nelken, Feigen, Rosmarin, Lavendel, Pfefferkuchen, Früchte, Gewürze, Duftkerzen, Glühwein.

I – Advent ist die Zeit der Düfte. Es sind tausend Gerüche und alle sind sie sehr angenehm. Da freut sich nicht nur die Nase, das tut auch meiner Seele gut. Die Psychologen sagen, dass Gerüche sehr stark mit unseren Beziehungen zu tun haben. Nicht umsonst sagte der Volksmund: Ich kann jemanden gut oder auch nicht gut riechen.

II – Was unsere Nase alles kann! Sie besitzt Millionen von Riechrezeptoren. Etwa 10.000 verschiedene Gerüche können wir wahrnehmen. Und diese Gerüche berühren uns weit über den Körper hinaus. Sie freuen uns, sie ärgern uns, sie bringen uns in Hochstimmung. Sie erreichen die letzten Winkel der Seele. Ich lade Sie ein, ein wenig mit der Nase an Ihrem Sternanis zu riechen.

I – Der Sternanis ist ein Gewürzkraut. Gewürze haben bekanntlich heilende Kräfte. Heilung suchen wir alle. Heilung von Krankheiten, von Schmerzen, von Angst, vom Tod.

Wir tragen vielerlei Wunden an uns: Körperwunden, Seelenwunden, Herzwunden, Sinnwunden, ja sogar Gotteswunden. Der Anis heilt die Atemwege und ist gut für die Verdauung. Früher sollen die Frauen ihren Männern Anis in die Speisen und in die Getränke gemischt haben, damit sie bessere Laune bekommen.

II – Wir laden Sie zu einer Nasenmeditation ein. – Schließen Sie einfach Ihre Augen und lenken Sie die Aufmerksamkeit auf die Nase. Wenn Sie wollen, können Sie auch zwei Finger auf die Nasenflügel legen und an Ende der Meditation Ihre Nase mit einem Kreuzzeichen segnen.

I – Atmen Sie ein paar Mal tief ein und aus. Durch die Lunge strömt der Sauerstoff in alle Regionen unseres Körpers. Luft, Sauerstoff, Leben. Atmen ist ein Geschenk.

II – Der Atem begleitet uns das ganze Leben lang. Der erste Augenblick unseres Daseins auf der Erde war ein Schrei, da hat unsere Lunge angefangen zu atmen. Das tut sie bis zum letzten Augenblick des Lebens. Tag und Nacht. Wenn wir uns freuen und wenn wir traurig sind. Mal atmen wir langsam, mal schnell.

I – Nicht ohne Grund heißt es gleich am Anfang der Bibel: »Gott, der HERR, formte den Menschen, Staub vom Erdboden, und blies in seine Nase den Lebensatem. So wurde der Mensch zu einem lebendigen Wesen« (Gen 2,7).
Mit jedem Atemzug atme ich nicht nur Sauerstoff, sondern auch Leben ein. Göttliches Leben. Mit jedem Atemzug spüren wir etwas von der göttlichen Kraft in mir. ↗

Dankgebet (gemeinsam)

Danke, Gott, dass ich eine Nase habe, die so gut riechen kann.
Danke, dass meine Nase ein guter Wegweiser ist.
Danke, dass sie mich unterscheiden lässt zwischen heilsam und giftig.
Danke, dass sie anzeigt, welche Nahrungsmittel mir guttun und welche nicht.
Danke, dass meine Nase eine Wächterin ist, der meine Atemwege schützt.
Danke, dass unsere Nasen so verschieden sind.
Danke für den Duft der Rosen, des Flieders und des Lavendels.
Danke für den Duft einer Sommerwiese und für den Duft unserer Haut.
Danke für die Gerüche in der Advents- und Weihnachtszeit, für den Duft nach Kerzen und Tannenbäumen, nach Zimt, Orangen und Nelken.
Danke, Gott, auch dafür, dass es Menschen gibt, die ich gut riechen kann.
Meine Nase preise dich, Gott.
All meine Sinne preisen dich, Gott. Amen.

62 Brot anschneiden

Brot wird in einer Schale in die Mitte der Runde gelegt. Jemand nimmt es in die Hand, zeichnet ein Kreuz darüber und sagt:

Das Brot ist einen langen Weg gegangen.
Die Ähren sind gewachsen bei Sonne und Regen,
sie wurden geschnitten und gedroschen.

Die Körner kamen in die Mühle,
wurden zerrieben und gemahlen.

Das Mehl wurde mit Wasser vermischt.
Der Teig wurde geknetet,
er ging durch die Hitze
und wurde zu duftendem Brot.

Wir brechen das Brot,
wir teilen es aus und teilen miteinander,
was nahrhaft und kostbar ist.

Das Brot wird gebrochen oder geschnitten und ausgeteilt. Wenn alle ein Stück haben, sprechen sie gemeinsam:

Wachsen und reifen dürfen auch wir.
Uns verwandeln lassen
und füreinander Brot werden.

Sei mit uns, Gott,
in Jesus Christus, der sich hingab,
damit wir das Leben haben.
Sei mit uns im Heiligen Geist,
der uns belebt an Leib und Seele. Amen.

63 Gebet der fünf Finger

Hände und Finger haben eine besondere Kraft. Im folgenden Ritual bist du eingeladen, deine Finger zu meditieren, ihre Heil- und Segenskraft zu spüren und sie zum Gebet werden zu lassen.

Schau deine beiden Daumen an. Sie stehen dir am nächsten.
Denke an Menschen, die dir sehr nahestehen.
Wünsche ihnen, die du liebst, Gesundheit an Leib und Seele.
Spüre, wie deine Nähe zu ihnen wächst
und beweglich wird wie deine Finger.
Halte deine Daumen nach oben und sage:
Gut, dass ihr da seid.
Ich stehe zu euch. Und du, Gott, stehst auch zu ihnen.

Deine Zeigefinger sind gute Lehrmeister.
Sie weisen dir und anderen Wege.
Spüre dankbar die Verbindung zu jenen,
die dir Wege weisen:
Eltern, Lehrer, Freundinnen, Ärzte ...
Aber gib Acht, dass deine Zeigefinger
nicht schulmeisterlich werden.
Und bitte um ein gutes Fingerspitzengefühl
und um respektvollen, zärtlichen Umgang mit anderen.

Deine Mittelfinger sind die längsten deiner Finger
und stehen in der Mitte.
Vorsicht: Wenn sich einer allein aufstellt,
dann kann das böse Folgen haben: Stinkefinger!

Gott bewahre dich davor,
andere verächtlich niederzumachen.
Er helfe dir vielmehr, dass du vermitteln
und Frieden stiften kannst.
Dass du Verantwortung übernimmst für das Wohl aller.

Deine Ringfinger erinnern an all jene,
die einen Ring tragen –
sei es in Treue zu einer Partnerin oder einem Partner,
sei es, weil sie sich immer wieder bewusst werden wollen,
was ihnen am wichtigsten ist.
Denke mit Blick auf diese Finger an jene,
deren Beziehung schwer geworden ist.

Die kleinen und letzten Finger deiner Hände
machen dir bewusst,
dass du oft (zu) klein von dir selbst denkst.
Wie oft lässt du deine eigenen Bedürfnisse nicht zu
oder du verdächtigst sie als egoistisch.
Gott lasse dich das Gute, das er dir gegeben hat,
zum Segen der Menschen und Geschöpfe nutzen.

So öffne deine beiden Hände und halte sie Gott hin.
Er fülle sie mit seiner Kraft.
Er lasse dich mit vollen Händen geben,
was dir geschenkt wurde.

64 Sammle meine Tränen in deinem Krug

In der Mitte eines Kreises steht ein leerer Krug. Nach jeder Anrufung können alle gemeinsam den Ruf sprechen (oder nach einer einfachen Melodie singen).

Im Psalm 56 wenden sich die Betenden an Gott: »Sammle meine Tränen in deinen Krug; ich bin sicher, du zählst sie alle!« (Ps 56,9). Wir erinnern uns in diesem Ritual an die vielen Tränen, die Menschen weinen, und bitten Gott um sein Erbarmen. Unsere Antwort auf die Anrufungen lautet:

Ruf: Gott, sammle unsre Tränen in deinem Krug.

So viele Tränen werden an einem einzigen Tag vergossen. Es sind Tränen der Angst, des Abschieds, der Ungewissheit und der Verzweiflung. Nur Gott kennt die Tränen und ihre Geschichte.

Wir bringen dir, Gott,
die Tränen der Kinder,
deren Herz voller Angst und Unruhe ist,
die Tränen der vielen,
die sich einsam und allein fühlen,
die Tränen derer,
die einen lieben Menschen verloren haben.
Ruf: Gott, sammle unsre Tränen in deinem Krug.

Wir bringen dir, Gott,
die Tränen aller, die Opfer der Kriege
und der menschlichen Willkür geworden sind,

die Tränen der Menschen,
deren Leben durch Hass und Terror zerstört wird,
die Tränen, derer, die ihre Heimat verloren haben.
Ruf: Gott, sammle unsre Tränen in deinem Krug.

Wir bringen dir, Gott,
die Tränen der vielen,
deren wirtschaftliche Existenz bedroht ist,
die Tränen derer, die Opfer von
sexuellem oder psychischem Missbrauch geworden sind,
die Tränen derer, die gedemütigt
und in ihrer Würde verletzt worden sind.
Ruf: Gott, sammle unsre Tränen in deinem Krug.

Wir bringen dir, Gott,
die Tränen, die aus Angst und Verzweiflung
nicht geweint werden,
die Tränen, die Menschen anderen aus Scham
nicht zeigen wollen,
die Tränen, die du allein kennst.
Ruf: Gott, sammle unsre Tränen in deinem Krug.

Die Teilnehmenden werden eingeladen, spontan weitere Anrufungen zu sprechen.

Gott, sammle alle diese Tränen.
Du wirst sie nicht vergessen.

Zum Abschluss kann Wasser in den Krug gegossen und dieser mit Rosen oder anderen Blumen gefüllt werden.

65 Sonnengesang-Weg

Franz von Assisi hat den Sonnengesang nicht nur dafür geschrieben, dass er gesprochen und gesungen wird und in immer neuen Kompositionen zur Aufführung kommt. Vielmehr lädt er uns in diesem Lied ein, durch die Schöpfung zu gehen, uns an ihr zu freuen, sie zu meditieren und in ihr Sinnbild und Spiegel Gottes zu erkennen. Und er fordert uns auf, mit den Geschöpfen so umzugehen, wie sie es verdienen, denn auch sie sind Kinder Gottes und also unsere Geschwister.

Die folgenden Texte laden zu einem Sonnengesang-Weg ein. Du kannst ihn zu jeder Jahreszeit und an jedem Ort gehen. Nimm dir Zeit dafür. Halte immer wieder an auf deinem Weg, lies die Texte zu den einzelnen Strophen des Sonnengesangs und gönne dir so viele Pausen, dass die Geschöpfe zu dir sprechen und du in ihr Lob einschwingen kannst.

A
Aufbruch

geh den weg
den deine füße
dich führen

geh den weg
den deine sinne
dir zeigen

geh den weg
den deine sehnsucht
dich lehrt

B
Bruder Sonne
trink
mit deinen augen
die leuchtenden
farben der welt

besinge die quelle
des lichtes
den glühenden
feuerball
der kraftvoll
dich wärmt

und ehre in ihm
das licht
allen lichtes

C
Geschwister Gestirne
schau zum himmel
das universum
wölbt sich über dir

wisse
der gestirnte himmel
bildet sich ab
und findet
sich wieder
in deiner seele

↗

alles ist in dir
die endliche welt
und der ewige
GOTT

D
Bruder Wind
atme tief
halte deine nase
in den wind

lass deine haut
die sonnenstrahlen schauen
die regentropfen schmecken
das wetter riechen

umhüllt bist du
von göttlicher energie
durchweht
vom geistatem
GOTTES

E
Schwester Wasser
Berühre
mit den fingerspitzen
die haut des wassers
spüre die energie
die in dich einströmt

zeichne mit wasser
ein kreuz
auf deine stirne
du bist wiedergeboren
aus dem wasser

aufgetaucht
mit christus
lebst du in
Gott

F
Bruder Feuer
reibe dir
die hände warm
und lege sie
auf dein gesicht
auf dein herz
auf deinen atem

fühle deinen puls
du trägst feuer
in der seele
den funken geheimnis
die flamme des himmels
den lichtbrand
Gottes

G
Schwester Mutter Erde
schau vor dich
auf den boden

spüre wie deine füße
die erde berühren
wie sie dich
an sich zieht
ohne dich zu fesseln

weil du ihr gast bist
beschenkt sie dich
mit schönen blumen
und köstlichen
früchten

H
Schwester Bruder Mensch
dreh dich langsam
im kreis und schau
bis zum horizont

wisse dort irgendwo
die menschen
nahe und nächste
bekannte
und unbekannte
fremde und
fremd gewordene

sag ihnen allen
leise oder laut
den frieden zu
oder dein
ehrfürchtiges
namasté
das göttliche in mir grüßt
das göttliche in euch

/
Schwester Tod
knie dich auf die erde
schreib mit dem finger
deinen namen
auf ihre haut

einmal wird dein leib
zurückkehren
in ihren bergenden
schoß

sie wird dir
herberge sein
bis GOTT
dich ruft

K
Lob und Dank
geh deinen weg
mit dankbarem
herzen
und behutsamen
füßen

geh deinen weg
mit wachen sinnen
und staunender seele

geh deinen weg
mit der gewissheit
dass GOTT
mit dir geht

Am Ende des Weges wirst du spüren, dass dieser Weg für dich ein Heilungsritual ist. Du wirst anders zurückkommen, als du aufgebrochen bist. Du kannst dich der Heilkraft der Natur nicht entziehen. Die Kreaturen verwandeln deine Sinne und deine Sinne verwandeln deinen Sinn.

Und auch das gilt: Dein Weg durch die Schöpfung, dein liebender Blick, deine Freude an dem, was ist, dein behutsamer Schritt, dein Innehalten in Stille, deine Segenswünsche berühren die Geschöpfe und wirken mit an ihrer Heilung. Auch für Franziskus war das Schreiben und Singen des Sonnengesangs ein Heilungsritual. Es hat ihn aus einer tiefen Nacht der Traurigkeit und der geistlichen Dürre zur Freude geführt, ein Prozess, der seine Seele nach und nach heil werden ließ.

Wenn du wenig Zeit hast, kannst du dieses Ritual auch ganz kurz gestalten. Falte deine Hände und sprich mit einer Verneigung der Schöpfung den indischen Gruß »Namasté« (das bedeutet: das Göttliche in mir grüßt das Göttliche in dir) zu. Im Grunde ist es das, was Franziskus den Geschöpfen zugesprochen hat: Ihr seid Gottes Sinn- und Spiegelbilder, darum grüße ich euch.

66 Sonntagsleuchter

Sowohl in einer Hausgemeinschaft als auch in einer Kirchengemeinde kann der Sonntag mit dem Entzünden des Sonntagsleuchters beginnen. Dieser trägt sieben Kerzen, für jeden Tag der Woche eine.

Jemand zündet mit einem Docht jeweils die entsprechende Kerze an und spricht:

Licht – das ist Hoffnung und Freude. Licht, das ist Christus, der Auferstandene, den wir an jedem Sonntag feiern. Sieben ist die heilige Zahl, die uns an die sieben Schöpfungstage erinnert. Am siebten Tag – so heißt es dort – ruhte Gott. Mit dem Entzünden der sieben Kerzen legen wir die Tage der vergangenen Woche mit all ihren Erfahrungen in die Hände Gottes.

Leise Musik

↗

I – Wir entzünden die Kerze des ersten Tages: Wir bringen Gott die Arbeit, die wir in der vergangenen Woche getan haben. Wir bringen das Gelungene und das Misslungene. Alles übergeben wir Gott und stellen es in sein Licht.

II – Wir entzünden die Kerze des zweiten Tages. Wir bringen Gott unsere Mitmenschen, unsere Familien, unsere Freundinnen und Freunde, unsere Nachbarinnen und Nachbarn. Wir bringen die Begegnungen der vergangenen Woche, die schönen und die schwierigen. Alles übergeben wir Gott und stellen es in sein Licht.

III – Wir entzünden die Kerze des dritten Tages: Wir bringen Gott unsere schöpferischen Kräfte, unsere Fantasie und all das Neue, das wir geschaffen haben. Alles übergeben wir Gott und stellen es in sein Licht.

IV – Wir entzünden die Kerze des vierten Tages: Wir bringen Gott unsere Mitwelt. Wir bringen die Anstrengungen, unsere Erde zu erhalten, und auch die Schuld, die wir Menschen auf uns laden, weil wir zu sehr an Profit und Konsum hängen. Alles übergeben wir Gott und stellen es in sein Licht.

V – Wir entzünden die Kerze des fünften Tages. Wir bringen Gott alles Leid der Welt, besonders … *(hier werden Ereignisse der vergangenen Woche genannt, die Leid verursacht haben).* Wir bringen die unzähligen Opfer und ihre Angehörigen. Alles übergeben wir Gott und stellen es in sein Licht.

VI – Wir entzünden die Kerze des sechsten Tages. Es ist die Zeit, die uns gegeben ist, Vergangenheit, Gegenwart und Zukunft. Jeder Tag unserer Lebenszeit ist ein Geschenk des Schöpfers. Alles übergeben wir Gott und stellen es in sein Licht.

VII – Wir entzünden die Kerze des heutigen Tages. Es ist der Tag der Ruhe und Erholung. Es ist die Zeit des Feierns und der Gemeinschaft. Alles übergeben wir Gott und stellen es in sein Licht.

Abschließendes Gebet (von allen gesprochen)

In deinem Licht, Gott, sehen wir das Licht. In deinem Licht wird die Dunkelheit hell. Vergib, was wir gefehlt haben. Schaffe uns ein neues Herz und einen neuen Geist und lass uns als deine Kinder leben. Amen.

67 Spiegel der Liebe

Verschiedene Spiegel liegen auf einem Tisch.

I *(nimmt einen Spiegel in die Hand und spielt mit ihm)*
Manche sagen: Sage mir, was du denkst, und ich sage dir, wer du bist.
Dein Denken ist der Spiegel deines Wesens.

II *(nimmt einen anderen Spiegel in die Hand und spielt mit ihm)* ↗

Andere sagen: Sage mir, was du tust, und ich sage dir, wer du bist.
Am Tun siehst du, ob ein Mensch glaubwürdig ist oder nicht.

I *(nimmt einen neuen Spiegel in die Hand und hält ihn der Gemeinde hin)*
Jesus geht noch einen Schritt weiter: Sage mir, was du liebst, und ich sage dir, wer du bist. In der Liebe spiegelt sich deine Seele.

II *(nimmt zwei Spiegel in die Hand und spielt mit ihnen)*
Das Besondere an Jesus ist: Er gibt uns gleich zwei Spiegel in die Hand:
Gottesliebe und Nächstenliebe.

I *(liest aus der Bibel)*
»Du sollst den Herrn, deinen Gott, lieben mit ganzem Herzen, mit ganzer Seele und mit deinem ganzen Denken. Das ist das wichtigste und erste Gebot« (Mt 22,37f.).

II *(liest ebenfalls aus der Bibel)*
»Ebenso wichtig ist das zweite: Du sollst deinen Nächsten lieben wie dich selbst. An diesen beiden Geboten hängt das ganze Gesetz samt den Propheten« (Mt 22,39f.).

I *(blättert in der Bibel)*
Es stimmt allerdings nicht, dass uns erst Jesus das Gebot der Liebe gebracht hat. Bereits in der Tora steht das Gebot der Gottesliebe. Und an anderer Stelle auch das Gebot der Nächstenliebe.

II *(spielt wieder mit den zwei Spiegeln)*
Aber das Neue bei Jesus ist: Er hat die beiden Gebote – Gottesliebe und Nächstenliebe – zusammengesehen und miteinander verknüpft.

I – Die beiden Spiegel gehören einfach zusammen: Die Liebe zu Gott zeigt mir, wer ich bin. Meine Würde: Ich bin ein Mensch. Mehr noch: Ich bin ein Kind Gottes.

II *(schaut ein paar Sekunden in einen der Spiegel)*
In diesem Spiegel sehe ich mich selbst. Auch in anderen Menschen sehe ich mich selbst. Mein Gegenüber verrät mir etwas von mir. Manchmal etwas sehr Schönes: So gut wie du bin auch ich. Manchmal sehe ich auch etwas, was mir wehtut. Du zeigst mir, wo auch ich meine Schwächen habe.

I – Nicht umsonst heißt es: Liebe deinen Nächsten wie dich selbst. Martin Buber übersetzt das Gebot der Nächstenliebe so: Liebe deinen Nächsten, er ist wie du.

II *(spielt wieder mit den zwei Spiegeln)*
Habt ihr als Kinder auch das Spiel gemacht, zwei Spiegel einander gegenüberzustellen, sodass sich in jedem der andere Spiegel spiegelt?

I – Ja, und wir haben uns gewundert, dass sich die Spiegelbilder vermehren. Ich sehe in deinem Spiegel meinen Spiegel, der deinen Spiegel reflektiert usw. Unendlich viele Spiegelbilder.

↗

Beide halten ihre Spiegel so, dass sich der Spiegel des anderen darin spiegelt und jede/r die vielen Spiegelbilder sehen kann.

II – Das ist ja ein verrücktes Spiel. Ist nicht auch die Liebe ein Spiegel, in dem sich die Liebe unendlich vermehrt?

I – Wenn ich Gott liebe, liebe ich auch die Menschen und die Geschöpfe. Wenn ich die Menschen und die Geschöpfe liebe, liebe ich auch Gott.

II – Und egal, wie oder wen ich liebe, es ist immer dieselbe Liebe. Ich kann die Gottesliebe und die Menschenliebe nicht aufspalten. Wenn ich Gott wirklich liebe, kann ich nicht anders, als auch die Menschen zu lieben.

I – Und wenn ich Menschen liebe, liebe ich immer auch Gott. Ich sehe in den Menschen, die ich liebe, immer auch Gott. Ich entdecke seine Gesichtszüge, sein Spiegelbild verbirgt sich im Bild jedes Menschen.

Die beiden spielen noch ein wenig mit ihren Spiegeln und geben dann die Spiegel an die Gemeinde weiter.

68 Wasser und Weihrauch

N. N. starb in der Zeit der Corona-Pandemie. Die Auferstehungsfeier fand in der großen Kirche von Heilig Kreuz in Frankfurt-Bornheim statt. Nur einer begrenzten Zahl von An-

gehörigen, Freundinnen und Freunden war die Teilnahme möglich. Alle saßen auf Abstand. Ein befreundeter evangelischer Pastor hielt die Ansprache. N. N. hatte gebeten, statt der Fürbitten ein Ritual zu feiern, das er besonders liebte: das Ritual von Wasser und Weihrauch.

Auf einen kleinen Tisch vor dem Sarg ist eine Schale mit Wasser, auf einen anderen Tisch ein Weihrauchfass mit Kohlen gestellt worden. Zu Beginn der Feier ist eine geschlossene ›Rose von Jericho‹ in das Wasser gelegt worden, die sich im Lauf der Feier geöffnet hat. Neben dem Weihrauchfass stand ein Schälchen mit Weihrauchkörnern.

Deutewort zur ›Rose von Jericho‹
N. N.,
dein Leben wurzelt im lebendigen Wasser Gottes
und hat teil an der Geistkraft des Ewigen.
Nach seinem Bild bist du geschaffen,
aus Erde genommen
und von seinem Atem zum Leben erweckt.

In Wasser und Geist bist du getauft;
eingetaucht in das Leben und Sterben Jesu Christi
hast du aus der Hoffnung der Auferstehung gelebt.

Wie diese Rose von Jericho aufgeht,
so möge dein Leben sich dem Gott des Lebens öffnen.
Es möge erblühen in der Kraft Jesus Christi
und der Heiligen Ruach.
Darum wollen wir in Stille beten.

↗

Weihrauchkörner werden auf die brennenden Kohlen gelegt.

Deutewort zum Weihrauch
Weihrauch verströmt einen Duft,
der das Herz mit Freude erfüllt.
So verströmt dein Leben, N. N.,
den Duft der Hingabe und Liebe.
Unser Gebet steige auf zu deinem und unserem Gott,
zu unser aller Schöpfer.

Er möge sich freuen an allem,
was du gelebt und geliebt hast.

Bei dir, Gott, wissen wir das Leben von N. N. aufgehoben.
Zu dir kehrt er heim und findet seine Vollendung
in Jesus Christus, dem Auferstandenen. Amen.

69 Wort, Licht und Brot

Begrüßung
Wir sind hier, weil wir uns um die Zukunft der Menschheit und des Planeten Erde Sorgen machen.

Als glaubende Menschen dürfen wir diese Sorgen vor Gott tragen – nicht, um uns aus der Verantwortung zu stehlen, sondern um uns Mut zusprechen zu lassen. Wir sind uns bewusst: Es liegt an uns allen, dafür zu sorgen, dass Gottes Schöpfung erhalten wird und unsere Kinder in eine lebenswerte Welt hineinwachsen.

Wir erinnern uns an unseren Bruder Jesus. Er ist für uns das Wort der Wahrheit, das Licht der Welt und das Brot des Lebens. Diese drei Symbole werden uns durch diese Feier begleiten.

Lasst uns zu Beginn in das Lob Gottes einstimmen.

Lied
Gottes Wort ist wie Licht in der Nacht (GL 450)

Ein Mann bringt eine Bibel, zeigt sie und sagt:

Seht das Wort.
Das Wort will Fleisch werden.
Das Wort will unter uns wohnen.
Das Wort sagt:
Ich bin gekommen, damit sie das Leben haben und es in Fülle haben.

Ein Kind zündet ein Licht an, stellt es auf den Altar und sagt:

Seht das Licht.
Das Licht will leuchten.
Das Licht vertreibt unsere Angst.
Das Licht sagt:
Ich bin gekommen, damit sie das Leben haben und es in Fülle haben.

Eine Frau bringt einen Teller mit Brot, zeigt ihn, stellt ihn auf den Altar und sagt:

↗

Seht das Brot.
Das Brot will geteilt werden.
Das Brot ist unsere Nahrung.
Das Brot macht lebendig.
Das Brot sagt:
Ich bin gekommen,
damit sie das Leben haben und es in Fülle haben.

Ein paar Takte Musik

Der Mann:
Das Wort ist kein Traum.
Es ist Weg und Wahrheit.
Es ist Licht und Leben.

Die Frau:
Das Brot erinnert uns:
Wir sind Zeugen einer traurigen Wirklichkeit.
Die Güter der Natur und der Kultur
werden dem Gesetz des Profits unterworfen.
Der Klimawandel zerstört die Existenzgrundlage
von Millionen Menschen.
Das Überleben der Geschöpfe auf unserem Planeten
ist bedroht.
Wir beklagen unsere Unvernunft.

Stille

Das Kind:
Das Licht spricht zu uns:
Denkt neue Gedanken und gebt dem Leben eine Chance.

Bittet Gott um sein Erbarmen.

V / A: Herr, erbarme dich *(gesungen)*

Ein paar Takte Musik

Der Mann:
Das Wort ist kein Ziel für morgen, es ist Verpflichtung für heute.

Die Frau:
Das Brot erinnert uns:
In unserer Gier bürden wir den kommenden Generationen untragbare Lasten auf.
Wir lassen zu, dass die soziale Kluft zwischen Reichen und Armen immer größer wird.
Wir erschrecken, wenn uns der Spiegel vorgehalten wird:
Das Geld ist zum Götzen geworden und die Habsucht vergiftet unser Herz.
Wir bekennen unsere Gleichgültigkeit.

Stille

Das Kind:
Das Licht spricht zu uns:
Fasst Mut, steht auf und geht den nächsten Schritt.
Bittet Gott um sein Erbarmen.

Ein paar Takte Musik

↗

Der Mann:
Das Wort ist keine Vertröstung ins Jenseits, es ist die Verheißung einer gerechten Welt.

Die Frau:
Das Brot erinnert uns:
Wir tragen die Sehnsucht in uns nach einer Welt,
in der wir von den Armen lernen und mit ihnen die Güter der Erde gerecht teilen,
in der wir die begrenzten Ressourcen genügsam und nachhaltig nutzen,
in der wir die Schönheit der Erde
für die kommende Generationen schützen und bewahren.
Wir schreien nach unserem Gott, der ein Gott der Gerechtigkeit ist.

Stille

Das Kind:
Das Licht spricht zu uns:
Traut eurer Sehnsucht und gebt der Fantasie Raum.
Bittet Gott um seinen Geist.

V/A: Sende aus deinen Geist und das Antlitz der Erde wird neu.

Ein paar Takte Musik

Der Mann:
Das Wort entmutigt uns nicht, es macht uns Hoffnung:
Gottes Reich ist unter uns angebrochen und wird wachsen.

Die Frau:
Das Brot erinnert uns:
Wir nähren die Hoffnung, wenn wir mitbauen an der Welt Gottes,
wo die Freiheit und Verantwortung jedes Menschen respektiert werden,
wo Menschen ihre Macht und ihr Wissen nutzen, um dem Gemeinwohl zu dienen,
wo Achtung, Respekt und Mitgefühl das Zusammenleben bestimmen.
Wir richten unsere Zuversicht auf den Auferstandenen, der unserer Erde treu bleibt.

Stille

Das Kind:
Das Licht spricht zu uns:
Geht heute den Weg Jesu und folgt dem Gebot der Liebe.
Bittet Gott um seinen Geist.

V / A: Sende aus deinen Geist und das Antlitz der Erde wird neu.

Ein paar Takte Musik

Der Mann:
Das Wort lässt uns nicht nur den Ungeist der Zeit beklagen,
sondern auf den Geist Gottes bauen, der uns zur Tat drängt.

Die Frau:
Das Brot erinnert uns: ↗

Wir erwarten den neuen Himmel und die neue Erde.
Da zählt nicht menschlicher Eigennutz, sondern die Gerechtigkeit Gottes.
Da werden Liebe und Herzensgüte als die wahren Werte geschätzt.
Da bedeutet Wachstum nicht ein Mehr an Macht und Profit, sondern ein Mehr an Leben und Liebe.
Wir trauen unserem Glauben, auch wenn er so klein ist wie ein Senfkorn.

Stille

Das Kind:
Das Licht spricht zu uns:
Haltet fest an der Gewissheit,
dass Gott Leben ist und Leben schafft.

V/A: Sende aus deinen Geist und das Antlitz der Erde wird neu.

Ein paar Takte Musik

Der Mann:
Das Wort ist kein Wunschtraum, sondern Verpflichtung zum Tun.

Die Frau:
Das Brot erinnert uns:
Als Menschen dieser Erde, als Christinnen und Christen wissen wir, was zu tun ist:

der Resignation widerstehen und der Kraft des Glaubens vertrauen.
Unrecht beim Namen nennen und für die Entrechteten Partei ergreifen.
Der Fülle des Lebens Raum geben – in unserem Beten, Denken und Handeln.
Wir stehen im Wort, und das Wort will auch heute Mensch werden und bei uns Wohnung nehmen.

Stille

Das Kind:
Das Licht spricht zu uns:
Seid Täterinnen und Täter des Wortes und wisst,
dass wir das Leben haben und es in Fülle haben.

V / A: Sende aus deinen Geist und das Antlitz der Erde wird neu.

Ein paar Takte Musik

Der Mann trägt die Bibel in die Gemeinde, wo sie von Person zu Person weitergegeben wird.
Das Kind entzündet am Licht auf dem Altar kleine Lichter und stellt sie an verschiedenen Stellen in der Kirche auf.
Die Frau bricht das Brot und verteilt es an die Anwesenden.

Die Feier schließt mit einem Segensgebet und einem gemeinsamen Lied. Auch eine Agapefeier im Anschluss an die Liturgie ist denkbar.

70 Wortscherben

Alle stellen sich im Kreis auf. In die Mitte wird eine aufgeschlagene Bibel gelegt. Außenherum: Scherben eines zerbrochenen Gefäßes, sowie – auf Blätter gedruckt – die einzelnen Buchstaben des Alphabets.
Die Texte werden von verschiedenen Personen gesprochen.

I – Wertvolle Gefäße, die zerbrochen sind, werden oft von sorgfältigen Händen wieder kunstvoll zusammengefügt. Dabei wird meist darauf geachtet, dass die Bruchstellen nach der Reparatur nicht oder zumindest möglichst wenig zu sehen sind.

In Japan gibt es die Kunst des Kintsugi. Dabei werden bei der Reparatur zerbrochener Gefäße die Brüche nicht unsichtbar gemacht, sondern bewusst hervorgehoben, und zwar mit Gold. So entsteht etwas besonders Schönes.

II – Hinter dieser Kunst steckt eine Lebenseinstellung. Das perfekte, bruchfreie Leben ist weder möglich noch erstrebenswert. Ebenso wenig das Unsichtbarmachen von Brüchen. Diese gehören zu unserem Leben und sie machen es, wenn wir gut und heilsam damit umgehen, sogar schöner. Leben ist die Sehnsucht, dass aus vielen Teilen – auch aus Bruchstücken – ein Ganzes wird.

I – Ähnlich wie aus Scherben Gefäße wieder zusammengefügt werden können, werden aus Buchstaben Worte, aus Worten Sätze und daraus Briefe und Bücher zusammengefügt. Die Buchstaben unseres Alphabets sind wie Bruchstücke. Für sich allein bedeuten sie nichts, zusammengesetzt machen sie Sinn.

II – Das gilt auch für das Buch der Bücher, die Bibel. Sie besteht aus vielen Buchstaben. In der richtigen Zusammensetzung werden sie ein Ganzes und ergeben Sinn. Der jüdische Erzähler und Schriftsteller Friedrich Weinreb hat in einem seiner Bücher Folgendes geschrieben:

> Gott macht dieses Gefäß [gemeint ist das Ganze, der Sinn eines menschlichen Lebens, Anm. d. Verf.], er macht die Welt, den Menschen. Das Gefäß zerbricht und die Scherben, das sind die Buchstaben. Und das Leben ist die Sehnsucht, die Buchstaben in vielen, vielen Geschichten zusammenzufügen: erzählt, erlebt, geschrieben, geträumt, dass sie wieder eins werden. Wenn ich in meinem Leben alles zusammenfasse, habe ich die Liebe gefasst oder erfasst – aber nur zusammengefügt.[22]

I – Die Bibel ist die Liebesgeschichte Gottes mit jeder und jedem von uns. Wir lesen sie mit dem Bewusstsein, dass Gott aus den vielen Teilen, ja sogar aus den Bruchstücken unseres Lebens ein Ganzes macht und dass so aus unserer Lebensgeschichte eine Liebesgeschichte wird.

↗

22 Friedrich Weinreb: »Die sieben Prophetinnen« – Prophetie des Leibes. Herausgegeben von Christian Schneider © Verlag der Friedrich-Weinreb-Stiftung Religion / Theologie / Judentum, Zürich 2008, S. 214.

II – Wir laden Sie ein, eine Scherbe aufzuheben – sehr vorsichtig, damit Sie sich nicht verletzen – und mit einem Stift mit einigen Buchstaben ein für Sie schönes Wort auf die Scherbe zu schreiben. Dann legen wir die Wortscherben um die Bibel herum und lesen sie still.

Am Schluss sprechen alle das Gebet:

Gott, schreibe dein Wort in mein Herz ein,
lass daraus eine Geschichte werden, die von dir und von mir erzählt.
Gott, lass uns die zerbrochene Einheit wiederfinden,
im Schweigen, in der Liebe, in der Sehnsucht, in dir.
Lass uns die vielen Buchstaben zusammenfügen zu einem heilsamen Wort,
die vielen Worte zu einer lebendigen Geschichte,
die vielen Geschichten zu einem ganzen Leben.
Sei du unser Wort, sei du unser Leben. Amen.

Zu diesem Ritual passt die folgende Geschichte:
Ein Kind nahm eines Tages sein Scrabble-Spiel mit in die Kirche und legte es vor den Altar. Der erstaunten Oma erklärte es, das sei sein Gebet. Anstatt etwas aufzusagen, stelle er Gott die Buchstaben des Scrabbles zur Verfügung. Er könne dann selbst das Gebet zusammenstellen, das ihm am besten gefalle.

71 Tröster feiern

Leben, das ist Essen und Trinken, Sitzen und Erzählen, Lachen und Weinen, Reden und Schweigen und vieles mehr. Darin liegt ein tiefer Trost. Darum ist der »Tröster« nach der Beisetzung ein wichtiges Ritual. Das Leben selbst ist es, das uns tröstet. Im Folgenden ein paar Ideen, wie die Feier ansprechend gestaltet werden kann.

Lokalität
Zum Tröster treffen sich Menschen, die teilweise weit weg vom Ort der Beisetzung wohnen und sich freuen, die fernen Verwandten wiederzusehen. Darum ist es gut, wenn sich die Gäste bewegen und auch ihre Plätze mal tauschen können. Dem sollte die Größe des Lokals entsprechen.

Essen und Trinken
Beim Tröster wird in der Regel kein großes Mahl angeboten, eher eine kleine Zwischenmahlzeit. Allerdings ist zu bedenken, dass manche der Gäste lange Anfahrtswege haben und froh sind, wenn sie sich ordentlich stärken können.

Dekoration
Der Raum und die Tische sind so geschmückt, dass durch kleine Symbole an die / den Verstorbenen erinnert wird. Auf einem Tisch steht ein schönes Foto von ihm oder liegt ein Fotoalbum auf. Markante kleine Gegenstände aus seinem / ihrem Leben (ihre Lieblingstasche, seine Autoschlüssel, ein Schreibgerät, eine Mütze ...) erinnern an sie / ihn. Eine Kerze (eventuell seine Tauf-, Kommunion-, Hochzeitskerze) ist aufgestellt. ↗

Kondolenz- und Gästebuch

Eventuell ist schon bei der Beerdigungsfeier ein Kondolenz- und Gästebuch aufgelegt worden. Es kann beim Tröster zur Einsicht genommen und ergänzt werden.

Tischgebet

Statt eines Toasts oder einer Rede kann ein kurzes Gebet gesprochen werden, in dem Gott für das Leben der / des Verstorbenen gedankt und das Zusammensein gesegnet wird.

Erinnerungsgabe

In vielen Regionen ist es üblich, ein Totenbildchen mit Kurzbiografie und Gebet für die Gäste drucken zu lassen. Auch andere Erinnerungszeichen zum Mitnehmen sind möglich: ein Foto des Verstorbenen, ein Zitat seines Lieblingsschriftstellers, sein liebstes Gebet ...

72 Fürbittgebet
(nicht nur) am Karfreitag

Du, Gott, der du selbst am Kreuz gelitten hast: Wir kommen zu dir mit unserem Gebet.

Wir beten für die Menschen, die sich wie Jesus von dir verlassen fühlen. In einsamen Wohnzimmern. In Schulen, in Heimen, in Gefängnissen. In Verzweiflung um den Verlust eines geliebten Menschen.

In Stille verneigen wir uns vor ihnen und vor dir,
lebendiger Gott.

Wir beten für die Menschen, die wie Jesus verachtet werden, weil sie fremd sind. Weil sie anders glauben oder anders lieben als andere. Weil sie zu den Verlierern und Erfolglosen gehören.

In Stille verneigen wir uns vor ihnen und vor dir,
lebendiger Gott.

Wir beten für Menschen, die wie Jesus Gewalt erleiden. In den eigenen Familien. Auf der Flucht vor Terror und Krieg. In Syrien, in der Ukraine, in Eritrea, in ..., in so vielen Kriegsgebieten.

In Stille verneigen wir uns vor ihnen und vor dir,
lebendiger Gott.

Wir beten für die Menschen, die wie Jesus den Tod erleiden, viele nach schwerer Krankheit, andere durch Gewalt oder Krieg.

In Stille verneigen wir uns vor ihnen und vor dir,
lebendiger Gott.

Wir beten für die Religionsgemeinschaften der Erde und für jene, die sich um die Versöhnung der Glaubensrichtungen mühen. Wir beten für Menschen, die auf der Suche nach Gott sind und auch für jene, die Glauben und Religion ablehnen.

In Stille verneigen wir uns vor ihnen und vor dir,
lebendiger Gott.

Wir beten für die Vereinten Nationen, für die Völker des Südens und des Nordens, für die mächtigen und ohn-

↗

mächtigen Staaten, für alle, die dafür eintreten, dass die Schätze dieser Erde gerecht verteilt werden.

In Stille verneigen wir uns vor ihnen und vor dir,
lebendiger Gott.

Wir beten für kranke, behinderte und gebrechliche Menschen, für alle, die übersehen und vergessen werden, für alle, die den Wert und die Würde der Menschen in Krankheit und im Alter schätzen und anerkennen.

In Stille verneigen wir uns vor ihnen und vor dir,
lebendiger Gott.

Wir beten für unsere Erde. Wie eine liebende Mutter nährt und trägt sie uns. Und doch vernachlässigen wir sie und beuten sie aus. Wir beten für alle, die uns ins Gewissen reden, und für jene, die in Wort und Tat für die Bewahrung der Schöpfung eintreten.

In Stille verneigen wir uns vor ihnen und vor dir,
lebendiger Gott.

Wir beten für alle, die sich einsetzen für die Anerkennung der gleichen Würde und der gleichen Rechte von Frauen und Männern, von Menschen verschiedener Nationen und Lebenseinstellungen, und die mit ihrem Bemühen der Gerechtigkeit dienen.

In Stille verneigen wir uns vor ihnen und vor dir,
lebendiger Gott.

Wir beten für uns selbst und für die Menschen, denen wir uns besonders verbunden wissen: für die Kinder, Eltern, Geschwister, Verwandten, Freundinnen und Freunde. Dankbar dürfen wir uns gegenseitig beistehen und das Leben miteinander gestalten.

In Stille verneigen wir uns vor ihnen und vor dir, lebendiger Gott.

73 Pfingstgebet

Ruach Gottes –
Geistkraft und Leben,
du weißt
um die Leiden unserer Zeit:
Wunden der Menschheit,
Wunden der Geschöpfe.

Lehre uns glauben:
Das Leid der Schöpfung
steht in keinem Verhältnis
zur Herrlichkeit,
die an ihr offenbar werden wird.

Ruach Gottes –
Geistkraft und Leben,
du weißt
um die ungeduldige Sehnsucht,
um den ungestillten Durst,
um die Ahnung von Freiheit.

Lehre uns hoffen:
Leben in Fülle ↗

ist uns versprochen,
Leben für uns und für alle.

Ruach Gottes –
Geistkraft und Leben,
du weißt, die gesamte Schöpfung
seufzt bis zur Stunde
und liegt in Wehen.

Kehre ein bei uns,
wirke in uns,
ströme aus in die Welt
und erneuere das Angesicht der Erde.

74 Samenkorn-Credo

Zu Beginn wird allen Teilnehmenden ein oder mehrere Samenkörner in die Hand gelegt. Sie werden eingeladen, das Korn anzuschauen und es zu betasten.
Jemand liest:

Gott, ich wage es,
dich als Mutter und Vater zu bekennen.
Du hast die Welt und auch mich geschaffen.
Wie aus diesem kleinen Samenkorn
kann auch aus mir Großes wachsen.
Du hast das ganze Universum in mich hineingelegt:
das Feuer der Sonne,
die Frische des Wassers,

die Kraft der Erde,
die Leichtigkeit des Windes.
Wunderbar hast du mich gemacht,
ich danke dir.

Gott, ich wage es,
Jesus Christus zu bekennen.
Er selbst wurde zum Samenkorn,
zum göttlichen Hoffnungszeichen der Welt.
Wie das Samenkorn gab er sich hin und starb.
Du aber hast ihn vom Tod aufgeweckt,
um neues Leben zu gebären.
Auch uns hat er gelehrt,
zu wachsen und Frucht zu bringen.
Brot dürfen wir werden,
uns verschenken in Liebe.
Ich danke dir.

Gott, ich wage es,
die heilige Geistkraft zu bekennen.
Ihr göttlicher Hauch atmet in mir,
ihr Locken weckt mich zu keimen,
ihre Kraft lässt mich zur Frucht werden.
Ihre beste Gabe aber ist die Liebe.
Wo die Liebe ist, da bist du, Gott.
Ich danke dir.

Gott, ich wage es,
den Himmel zu bekennen.
So wie alles Sein dieser Welt
bin auch ich vergänglich.

↗

Meine Gestalt wird vergehen,
und doch geht kein einziges Korn verloren.
Neues Sein wird uns geschenkt in dir,
der du unendliches Leben bist. Amen.

Die Samenkörner können (in der Kirche oder zu Hause) in einem Topf in die Erde gesteckt werden. Bereits nach kurzer Zeit werden sie Keime treiben.

75 Credo mit Fragen

Gott, Mutter und Vater,
du bist auf der Suche nach mir
und ich bin auf der Suche nach dir.
Staunend stehe ich vor dir und freue mich darüber,
dass ich immer neue Seiten an dir entdecke.
Doch dein Geheimnis ist zu groß für meinen Verstand
und deine Liebe zu unbegreiflich für die Enge meiner Logik.
So bringe ich meine Fragen und Zweifel vor dich.
Du lässt sie mir, dass sie mich stärken,
wie der Sturm ein kleines Bäumchen stärkt.
Gib mir den Mut,
meine Zweifel zu lieben und an ihnen zu wachsen.

Jesus, Bruder und Freund,
du hast Fragen gestellt, die mich nicht loslassen –
so wenig, wie ich dich loslassen kann.
Du warnst uns vor den falschen Propheten,
vor ihren schnellen Antworten und fertigen Lösungen.

Du ermutigst uns,
alte Gewohnheiten und Regeln zu hinterfragen.
Meine Zweifel glaube ich bei dir aufgehoben,
denn auch du hast gezweifelt
und mit Gott gehadert.
Und doch hast du nie nachgelassen,
ihn zu suchen und zu lieben.
So segne mich mit meinen Zweifeln,
dass ich mich ihnen mutig stelle.

Heilige Geistkraft, mein Trost und Lebensatem,
du kennst mein Innerstes bis auf den Herzensgrund.
Manchmal fühle ich mich leer und vertrocknet
wie ein vergessener Brunnen in der Wüste.
Und doch entdecke ich auf dem Grund meiner Zweifel
eine Spur Hoffnung, die mich an das Gute glauben lässt.
Wie der Wind im Herbst das vertrocknete Lauf aufwirbelt,
so wirbelst du meine überkommenen Überzeugungen auf,
damit ich verstehe, was Jesus gesagt hat:
»Das Reich Gottes ist mitten unter euch« (Lk 17,21).
Heilige Geistkraft, durchatme mich, dass ich lerne,
die Geister zu unterscheiden.

76 »Aus Steinen werden ...«

Gottesdienstelement zu Mt 3,8f.

An den Platzen der Teilnehmenden liegen Steine, die gut in die Hand passen. Zwei lesen die folgenden Texte.

I – Sie finden an Ihrem Platz einen Stein. Nehmen Sie ihn einfühlsam in Ihre Hand. Was könnte er wohl alles erzählen? Gewiss eine lange Geschichte. Sein Innenleben war einmal Glut und Energie. Vor Jahrmillionen wurde er als flüssige Materie aus der Erde geschleudert. Die Kälte des Kosmos und das Wasser der Meere haben ihn abgekühlt.

II – Ich spüre die Kraft des Steines und seinen Widerstand. Er lässt sich nicht verformen. Ich spüre aber auch, wie er die Temperatur meiner Hand annimmt. Langsam wird er warm. Er wird irgendwie *mein* Stein – ein Teil von mir.

I – Beim Evangelisten Markus finden wir das Bild von den Steinen in einer Predigt Johannes des Täufers: »Bringt Frucht hervor, die eure Umkehr zeigt, und meint nicht, ihr könntet sagen: Wir haben Abraham zum Vater. Denn ich sage euch: Gott kann aus diesen Steinen dem Abraham Kinder erwecken« (Mt 3,8f.).

II – Der Stein lehrt mich den Weg der Verwandlung. Aus Steinen können Bausteine werden. Aus Bausteinen können Brücken werden. Aus Steinen können durch die verwandelnde Kraft Gottes sogar Kinder Abrahams werden. Gott kann auch das Tote in uns zum Leben wecken.

I – Was machen wir nun mit dem Stein in unserer Hand? Werfen sollten wir ihn nicht – weder auf den Nachbarn noch in eine Fensterscheibe. Steine sind hart, sie können wehtun und zerstören. Wegwerfen ist auch keine gute Idee. – Vielleicht entdecke ich in meinem Stein eine kleine Schönheit. Er ist einmalig und einzigartig. Ein Kunstwerk, von dem es vermutlich auf dieser Erde keine Kopie gibt.

II – Ich kann den Stein mitnehmen und eine Zeitlang in meiner Tasche tragen. Vielleicht erinnert er mich hin und wieder an diesen Tag und daran, dass Gott aus Steinen Leben machen kann.

I – Ich kann ihn auch als »Stein des Anstoßes« betrachten: Anstoß zu einem Lächeln statt zu einem ärgerlichen Knurren; Anstoß, einen Menschen anzurufen statt ihn zu meiden, Anstoß zu ... – Ich bin sicher, Sie haben eine Idee.

II – Ich kann meinem Stein auch einen guten Platz in meiner Wohnung geben. Er hat Ruhe verdient nach den Jahrmillionen, die er schon auf dieser Erde ist. Nach all dem Hinundhergeschobenwerden darf er auch mal bewundert und gewürdigt werden.

I – Ich kann ihn als Gebetsstein verwenden. Dann wird er mich einladen, an Menschen und Geschöpfe zu denken, die aufgehoben sein möchten in der Hand ihres Schöpfers. –

II – Wir wollen im Fürbittgebet nun an sie denken.

Fürbittgebet

Viele Milliarden Steine bedecken unsere Erde. Jeder ist ein Gebet. Ein stilles Lob Gottes. Und jeder ist eine Fürbitte. Für die Schöpfung, für die Menschen, für dich und für mich. Darum beten wir:

Wir beten für Menschen, die verbittert sind und deren Herz schon fast zu Stein geworden ist. Viele von ihnen wurden in ihrer Seele verletzt. Sie haben sich hart gemacht, um sich zu schützen.

Wir beten für Menschen, die mit Steinen werfen. Mit Wortsteinen. Mit Gerüchtesteinen. Mit Gleichgültigkeitssteinen. Mit Intoleranz-Steinen.

Wir beten für Menschen, die auf den steinigen Wegen der Armut leben müssen. Viele wissen nicht, wie sie den nächsten Tag bestehen sollen, es fehlt ihnen das Nötigste. Und vor allem fehlt ihnen menschliche Wärme und Zuwendung.

Wir beten für Menschen, die aus ihren Wohnungen ausziehen müssen, weil ihre Mieten zu teuer werden. Und auch für jene, die ohne Wohnung auf der Straße oder in Bahnhöfen übernachten müssen.

Wir beten für uns selbst. So oft haben wir das Gefühl, dass uns ein Stein auf dem Herzen liegt, der sich nicht lösen will. Und oft können wir nicht glauben, dass Gott auch diese Steine in Leben verwandeln will.

Gott, wenn Gerechtigkeit und Solidarität unter uns wachsen, kann aus Steinen Leben entstehen. Dann werden wir zu Kindern Abrahams und wachsen zusammen zur großen Gottesfamilie. Dafür danken wir dir. Amen.

77 »Das Recht ströme wie Wasser«

Gottesdienstelement zu Amos 5,24

Diese Liturgie kann in kleinen und großen Gruppen gefeiert werden. Die Teilnehmenden sitzen an Tischen. Die Feier gliedert sich in fünf Teile:

I Einstimmung
II Der Gesang des Wassers
III Biblische Meditation
IV Das Geschenk des Wassers
V Der Segen des Wassers

I Einstimmung

Wasser gehört zu unseren elementaren Lebensmitteln. Rund 70 Prozent des menschlichen Körpers bestehen aus Wasser. Über Nieren, Lunge, Darm und Haut scheidet der Mensch täglich etwa zweieinhalb Liter Wasser aus. Noch mehr sind es bei körperlicher Anstrengung, bei Hitze oder bei Fieber. Der menschliche Stoffwechsel funktioniert nur, wenn dem Körper ausreichend Wasser zur Verfügung steht. Wasser ist nötig, um über die Nieren das Blut zu reinigen. Dies geschieht täglich etwa 300-mal. Der Wasseranteil im

↗

Blut sorgt dafür, dass Sauerstoff, Nährstoffe und Botenstoffe in alle Regionen des Körpers transportiert werden. Wasser hält unser Gehirn fit und Knorpel und Gelenke elastisch. Weil der menschliche Körper Wasser nicht speichern kann, braucht er ständig Nachschub.

Was viele nicht wissen, ist, dass Wasser »singen« kann. Hören wir in der Stille auf diesen besonderen Gesang.

II Der Gesang des Wassers

Die Teilnehmenden werden eingeladen still zu werden und zu lauschen. Sie können die Augen schließen und werden eingeladen, sich an die verschiedenen Geräusche des Wassers zu erinnern.

Ich erinnere mich an ...
... den Gesang eines sanften Sommerregens ...
... den Gesang einer Meereswelle am Strand ...
... den Gesang der Regentropfen am Fenster ...
... den Gesang eines laufenden Wasserhahns ...
... den Gesang der Dusche ...
... den Gesang einer Quelle ...
... den Gesang eines rauschenden Baches ...
... den Gesang eines Wasserfalls ...

Evtl. könne hier auch verschiedenen Wassergeräusche eingespielt werden. Danach werden die Teilnehmenden zu folgender Meditation eingeladen.

III Meditation

Weil Wasser lebensnotwendig ist, ist der Zugang zu Trinkwasser und sanitären Einrichtungen ein Menschenrecht. Doch mit der Umsetzung dieses Menschenrechtes sieht es schlecht aus. In afrikanischen Ländern zum Beispiel müssen die Frauen oft kilometerweit bis zur nächsten Quelle oder zum nächsten Brunnen gehen. Oft ist das Wasser verschmutzt oder von Giftstoffen belastet.

Heute wird um Wasser gestritten. Ja, sogar Kriege werden darum geführt. Kein Wunder: Die einen haben so viel Wasser, dass sie es sinnlos verschwenden, die anderen müssen weit gehen, um einen Eimer voll Wasser zu finden. Das Problem – die ungerechte Verteilung der Ressourcen – ist nicht neu.

»Das Recht ströme wie Wasser, die Gerechtigkeit wie ein nie versiegender Bach« – ein Satz, den der Prophet Amos aus Tekoa, einer der biblischen Propheten, aufgeschrieben hat. Er wirkte um 750 vor Christus in Israel. Es war Gott selbst, so sagt Amos, der ihn zum Propheten machte. Zuvor war er Landwirt, genauer gesagt Schafhirt sowie Vieh- und Maulbeerfeigenbaumzüchter.

Die Aufgabe des Propheten Amos war es nicht, in der Synagoge zu predigen oder im Tempel den Kult zu feiern. Seine Aufgabe war es, auf die Straße zu gehen und zu protestieren. Gegen die Ausbeutung der Landbevölkerung. Gegen die Verschwendung, gegen den übertriebenen Luxus im Königshaus, gegen die Korruption der Richter und gegen die Feigheit des Klerus. Seine prophetischen Worte waren eine provokative Warnung. Aber Amos trug trotz allem eine tiefe Hoffnung in sich und ließ Gott die folgenden Sätze sprechen:

↗

> Ich hasse eure Feste, ich verabscheue sie und kann eure Feiern nicht riechen. Wenn ihr mir Brandopfer darbringt, / ich habe kein Gefallen an euren Gaben und eure fetten Heilsopfer will ich nicht sehen. Weg mit dem Lärm deiner Lieder! Dein Harfenspiel will ich nicht hören, sondern das Recht ströme wie Wasser, die Gerechtigkeit wie ein nie versiegender Bach. (Amos 5,21–24)

Ich stelle mir vor, wie es wäre, wenn Amos heute lebte. Er würde gewiss auch uns ins Gewissen reden. Er würde uns auffordern, unser Wasser als ein kostbares Gut zu schätzen und sparsam damit umzugehen. Er würde auch die ungerechte Verteilung der Ressource Wasser beklagen und uns auffordern, dafür zu sorgen, dass alle Menschen Zugang zu sauberem Wasser haben.

IV Austausch zum Thema »Wasser ist ein Menschenrecht«

Ein Gespräch in kleinen Gruppen, evtl. mit einem kurzen Text als Grundlage (dazu gibt es einschlägige Artikel im Internet).

V Das Geschenk des Wassers

Alle Teilnehmenden bekommen ein Glas Wasser, das sie vor sich auf den Tisch stellen.

Wasser. Ich trinke einen Schluck davon.
Die Atome des Wassers sind fünf Milliarden Jahre alt.
Ich trinke die Geburt der Erde.
Mit jedem Schluck verbinde ich mich mit dem Universum.
Und mit jedem Ausatmen gebe ich Wasser

in den großen Kreislauf des Kosmos ab.
Wasser, ich neige mich vor dir.
Alle trinken einen Schluck und verneigen sich.

Wasser. Ich trinke einen Schluck davon.
Mit ihm nehme ich an der Geschichte des Lebens teil.
Die Moleküle dieses kleinen Schluckes
waren schon im Regenwald und in den tiefen Erdhöhlen,
in den Wellenbewegungen der Gräser auf den Feldern
und in den Tiefen des Pazifiks.
Wasser, ich neige mich vor dir.
Alle trinken einen Schluck und verneigen sich.

Wasser. Ich trinke einen Schluck davon.
Die Tropfen wurden von Wolken herabgeregnet,
sind durch die Erde hindurchgesickert
und wurden von der Quelle wieder an die Oberfläche abgegeben.
Sie strömten von den Bergen
und wurden aufgefangen in den Reservoirs.
Wasser, ich neige mich vor dir.
Alle trinken einen Schluck und verneigen sich.

Wasser ist ein seltsames Geschöpf.
Wenn es sauber ist, riecht es nicht,
es kennt auch keine besondere Geschmacksrichtung,
es hat keine Farbe, es ist weder eckig noch rund,
es passt sich überall an.
Wasser, ich neige mich vor dir.
Alle trinken einen Schluck und verneigen sich.

IV Der Segen des Wassers
Eine Schale geweihtes Wasser steht in der Mitte.

Wasser, sei gesegnet,
du Geschenk der Schöpfung,
aus dem alles Leben kommt.

Wasser, sei gesegnet,
weil du uns erfrischst
und unseren Körper reinigst.

Wasser, sei gesegnet,
weil du unseren Durst stillst
und uns neue Kraft schenkst.

Wasser, sei gesegnet,
du erinnerst uns:
Wir sind wiedergeboren
im auferstandenen Christus.

Das Zeichen der Erlösung,
das Kreuz Jesu Christi,
sei über uns gezeichnet.
Im Namen des Vaters und des Sohnes und des Heiligen Geistes. Amen.

Die Liturgie kann mit einem gemeinsamen Lied abgeschlossen werden.

78 Drei Tische

Ein Dreifaltigkeitsbild

Ich träumte, ich war zu einem Festessen geladen. Ich betrat einen großen Raum, in dem drei Tische aufgestellt waren. Ich durfte mir den Tisch aussuchen, an dem es mir am besten gefällt.

Der erste Tisch war gedeckt mit auserlesenen Speisen. Es lockte mich, dort Platz zu nehmen. Hier waren Menschen in einer gelösten und frohen Stimmung. Sie begrüßten mich freundlich, und bevor sie anfingen zu essen, hielten sie inne, verneigten sich und bedankten sich für den gedeckten Tisch. Hier bin ich richtig, dachte ich, hier wissen Menschen, dass sie Geschöpfe sind und Gott ihnen die Gaben seiner Schöpfung schenkt.

Doch als ich mein Besteck in die Hand nehmen wollte, hörte ich eine Stimme sagen: Bevor du zu essen beginnst, geh auch an die anderen Tische und schau genau hin, welcher der deine sein soll. Also stand ich auf und ging an den nächsten Tisch. Hier waren Menschen verschiedener Hautfarben und Generationen, Kinder und alte Menschen, Reiche und Arme, Bedürftige und Gesunde. Sie redeten miteinander und einer kümmerte sich um die andere. Ich spürte Liebe und Fürsorge und sagte mir: Hier ist gut sein, hier will ich mich niederlassen.

Aber wieder hörte ich die Stimme sagen: Nun geh auch noch an den dritten Tisch. Ich tat es. Hier war es ganz still. Alle schwiegen und trotzdem war eine tiefe Gemeinsamkeit zu spüren. Es war, als wäre da eine besondere Luft, eine Atmosphäre, die ans Herz geht. Etwas, was alle verbindet –

↗

ohne viele Worte und ohne großes Tun. Die Stille tat mir gut und ich spürte, wie ein großer Friede bei mir einkehrte.

Ich wollte mich schon für diesen Tisch entscheiden, da rief jemand: Lasst uns die Tische zusammenstellen und eine einzige großen Tafel bilden. So verschieden wir sind, wir gehören zusammen und brauchen einander. – Einen Moment herrschte Stille, dann applaudierten alle und standen auf. In kurzer Zeit waren die drei Tische zusammengerückt. Nun spürte ich die Freude an der Gemeinsamkeit aller drei Tische. Als wir an der großen Tafel Platz genommen hatten, erwachte ich aus meinem Traum.

Der dreifaltige Gott – wie eine große zusammengerückte Tafel. Da ist der Tisch, an dem wir dankbar die Schöpfung und ihre Gaben empfangen. Da ist der Tisch, an dem die Hingabe und Fürsorge Jesu unser Tun bestimmen. Und da ist der Tisch, an dem Stille und Zuhören Frieden schafft. – Einheit in der Dreiheit.

79 Was kommt nach dem »und«?

Geistliche Übung zu Lk 10,25–37

Wir kennen sie alle: die Geschichte vom Barmherzigen Samariter. Eine schöne Geschichte, die mich schon als Kind angerührt und begeistert hat. Damals habe ich noch nicht bedacht, dass es im Grunde nicht nur um den Samariter, sondern auch um zwei andere geht. Alle drei erleben dasselbe. Einen blutüberströmten Menschen, der am Straßenrand liegt. Es fällt mir auf, dass die Bibel von jedem dieser Männer sagt: »Er sah ihn und ...« Die entscheidende Frage heißt:

Was kommt nach dem »und«? Drei können dasselbe erleben und doch etwas ganz anderes. Vom Priester heißt es: »Er sah ihn und ging vorüber« (Lk 10,31). Vom Leviten heißt es: »Er sah ihn und ging vorüber« (Lk 10,32). Vom Samariter heißt es: »Er sah ihn und hatte Mitleid« (Lk 10,33). Welch ein Unterschied!

Mit einem Fotoapparat oder einem Smartphone kann ich Augenblicke oder Gegenstände festhalten. Diese Geräte nehmen sehr genau auf und speichern, was sie »sehen«. Manchmal wünsche ich mir ein fotografisches Gedächtnis. Wäre das nicht fantastisch: Ich müsste mir nichts mehr aufschreiben oder aufzeichnen. Alles wäre parat: Termine, Fakten, Namen, Bilder, Erinnerungen. Aber Fotoapparate und Smartphones haben kein Herz, sie sind tot. Ihnen ist es egal, was sie aufnehmen. Ein zärtlicher Kuss berührt sie ebenso wenig wie ein toter Kinderleib. Er sah ihn und ... Da geschieht gar nichts.

Ich bin froh, dass menschliche Augen keine Fotolinsen und menschliche Seelen keine Festplatten sind. Aus menschlichen Augen kommen Tränen. Und die Seele spürt mehr als Fakten. Hungernde Kinder machen uns traurig. Lachende Kinder heben unsere Stimmung. Und doch ist das zu wenig. Der Priester und der Levit waren auch traurig: Ein blutüberströmter Mann am Straßenrand – wen lässt das kalt? Aber die Angst, durch das Berühren eines Verletzten die kultische Reinheit zu verlieren, hinderte sie daran, zu helfen.

Er sah ihn und ... Das kleine Wort »und« ist entscheidend. In einem einzigen Augenblick stehen tausend Möglichkeiten offen: Er sah ihn und schaute weg. – Er sah ihn

↗

und dachte: Ich bin ja nicht schuld daran. – Er sah ihn und konnte den Anblick nicht ertragen. – Er sah ihn und hatte keine Zeit.

Oder auch ganz anders: Er sah ihn und hatte Mitleid. Er hielt an und stieg vom Pferd. Er goss Öl und Wein in die Wunden des Verletzten. Er ging vorsichtig und behutsam mit ihm um. Er hob ihn auf sein Reittier und machte einen Umweg. Er nahm sich Zeit und brachte den Verletzten in die Herberge. Er blieb eine Nacht lang bei ihm und gab dem Wirt am anderen Morgen Geld für Medikamente und ärztliche Versorgung.

Es ist dieses kleine Wort »und«. In einem winzigen Augenblick geschieht das Entscheidende. So oder so. Oder ist es doch mehr als ein winziger Augenblick? Ist dieser Augenblick vielleicht das brennpunktartige Ergebnis von vielen Gedanken, Blicken, Gefühlen? Wird hier eine Entscheidung getroffen, die sich lange vorher schon anbahnte? »Er sah ihn und ...«

Die Geschichte der drei Menschen in der Bibel geht weiter. Sie geht weiter durch die Geschichte der Menschheit. Und irgendwann ist sie auch zu meiner Geschichte geworden. So oder so. Eine Priestergeschichte oder eine Levitengeschichte oder eine Samaritergeschichte.

Jesus hat hier einen Gesetzeslehrer vor sich. Der kennt die Thora in- und auswendig. Das Gesetz und die Propheten. Den Katechismus und die Moral. Er kennt sie nicht nur, er hält sich auch daran. Er geht zum Gottesdienst und betet regelmäßig. Er fastet und opfert. Und als Jesus ihn fragt: Was heißt es für dich, an Gott zu glauben?, da sagt er es mit Worten, wie sie schöner nicht klingen könnten: »Du sollst den Herrn deinen Gott lieben mit ganzem Herzen und mit ganzer Seele, mit all deiner Kraft und all deinen Gedanken – und deinen Nächsten wie dich selbst« (Lk 10,27). Hier ist es wieder, das kleine Wort »und«. Gott lieben *und* den Nächsten. Das Christentum ist eine Religion, die Gottes- und Menschenliebe nicht nebeneinanderstehen lässt. »Und« im Sinne Jesu ist etwas anderes als »entweder oder«. Und auch mehr als »sowohl als auch«. »Und« ist ein Bindewort. Gottes- und Nächstenliebe gehören zusammen wie zwei Zwillingsschwestern. Das eine geht nicht ohne das andere. Ich kann Gott nur lieben, wenn ich die Menschen liebe.

Natürlich wissen wir das. Darum haben wir die Nächstenliebe gut organisiert. Wir haben den Arbeiter-Samariter-Bund und die Malteser und die Caritas. Wir haben ein ausgeklügeltes System der Altersversorgung und der Sozialhilfe. Das ist auch gut so. Aber es reicht nicht. Das »und«, mit dem Jesus das Gebot der Liebe formuliert, macht deutlich, dass ich sie nicht organisieren kann. Ich kann sie nur leben. Liebe ist mehr als ein gut funktionierendes Sozialsystem. »Er sah ihn und ...« heißt heute »Ich sehe und ...« Und was? ... und gehe vorüber? ... und habe Mitleid?

Geistliche Praxis

Das »und« üben

Im Grunde ist die Geschichte des Barmherzigen Samariters eine Übungsgeschichte. Ich soll dem »und« mehr Beachtung schenken. Das kann ich trainieren. Das kleine Wort ist mehr als eine Aufzählung. Es ist ein Beziehungswort. Es bedeutet Begegnung auf Augenhöhe. Ich kann darauf achten, wie oft ich dieses kleine Wort verwende. Mache ich es bewusst? Was bedeutet es mir? ↗

Polarität zulassen

Das »und« bedeutet auch, dass ich in Polaritäten lebe. Immer sind beide Pole wichtig: Bewegung und Ruhe, Aktion und Meditation, Gespräch und Stille. Im Grunde hat alles, was ist, ein Gegenüber. Ich bin immer der Ergänzung (und auch der Korrekturen) bedürftig.

Das »und du« üben

Wie schön, wenn ein*e Gesprächspartner*in im Lauf einer Unterhaltung die Frage stellt: »Und du?« Das bedeutet: Ich werde wahrgenommen. Wir sind auf gleicher Ebene. – Es ist eine gute Übung, mir diese kleine Frage, wo es möglich ist, ebenfalls zur Gewohnheit zu machen: »Und du?« Achtsamkeit für das Befinden des anderen tut beiden gut.

Mein »und« ist ein Plus

Wenn ich zwei und zwei zusammenzähle, dann bedeutet das »und« ein Plus. Es entsteht also ein Mehrwert. Ist nicht jede Begegnung ein Plus, also ein Mehrwert? Das kann auch für die schwierigen Beziehungen gelten.

»... denn er ist wie du«

Martin Buber übersetzt das Gebot der Nächstenliebe so: Liebe deinen Nächsten, denn er ist wie du! – Der andere Mensch ist mein Nächster, weil er ist wie ich. Und darum erkenne ich in ihm mein Selbst.

80 Lebensquellen

Geistliche Übung zur Frage nach dem Sinn

Die Teilnehmenden sitzen im Kreis um eine gestaltete Mitte. Wer will, kann auch auf einer Decke liegen. Alle haben einen Malblock und einige Farbstifte zur Verfügung.

Einladung zu einer Imagination:

Ich lade Sie ein, sich zu entspannen und für die nächsten Minuten eine Haltung zu wählen, in der Sie gut bei sich sein können.

Stellen Sie sich eine Bergregion mit Tälern vor – eine friedliche Landschaft, Felder, Wiesen, Bäche, einige Hütten und Häuser, in der Mitte des Tales ein See. Sie sehen, dass der See von drei Bergbächen gespeist wird. Verfolgen Sie mit Ihren Augen die Bachläufe bergwärts. Am Ende entdecken Sie jeweils eine frische Quelle.

Malen Sie in der Mitte den See, ringsum Berge und die drei Bäche mit ihren Quellen.

Zeit zum Malen – meditative Musik

Stellen Sie sich nun vor, der See ist Ihr Leben. Es wird von diesen drei Quellen gespeist.

Die erste Quelle heißt: *Beziehung.* – Ich möchte lieben und ich möchte geliebt werden. Ich habe gute Erfahrungen mit Beziehungen gemacht, vielleicht auch weniger gute.

↗

Ich lasse mir etwas Zeit und spüre der Quelle und dem Bach meiner Beziehungen nach. Was mir einfällt, kann ich in Worten auf mein Blatt schreiben oder auch in Farben ausdrücken.

Zeit zum Schreiben und Malen – meditative Musik

Die zweite Quelle heißt: *Kreativität.* – Ich kann schaffen, etwas tun, kann Pläne umsetzen, kreativ sein. Vielleicht mag ich Musik machen, singen, malen, kochen, backen. Mit meiner Kreativität kann ich die Welt mitgestalten.

Ich spüre der Quelle und dem Fluss meiner Kreativität nach. Was mir einfällt, kann ich in Worten auf mein Blatt schreiben oder auch in Farben ausdrücken.

Zeit zum Schreiben und Malen – meditative Musik

Die dritte Quelle heißt: *Engagement.* – Ich habe Vorstellungen von einer besseren Welt, ich kann mich einsetzen für Frieden und die Bewahrung der Schöpfung. Ich kann etwas verändern, Widerstand entwickeln, ich kann aus Leiden lernen, ja – ich kann auch ein Schicksal verändern. –

Ich spüre der Quelle und dem Fluss meines Engagements nach. Was mir einfällt, kann ich in Worten auf mein Blatt schreiben oder auch in Farben ausdrücken.

Zeit zum Schreiben und Malen – meditative Musik

Nun schaue ich auf das Bild. Was ist aus den drei Quellen geworden? Wie unterschiedlich groß und stark sind sie in meinem Leben? Wo fließen sie hin? Wie kommen sie zusammen in den See? Ich lasse mir Zeit für das Bild als Ganzes.

Zeit zum Schreiben und Malen – meditative Musik

Die Übung wird mit einem Austausch (in kleinen Gruppen oder im Plenum) abgeschlossen. Fragen: Wie geht es mir nach dieser Übung? Was ist mir dabei aufgefallen und bewusst geworden? Wie kann ich meine drei Quellen fördern?

Stichwortregister

(nach Nummer geordnet; falls unter einer Nummer mehrere Texte stehen, sind diese durch Großbuchstaben unterschiedlich gekennzeichnet)